国語科授業サポートBOOKS

子どもがどんどん書きたくなる！作文テクニック＆アイデア集

慎也 著

ya
moto

明治図書

まえがき

国語教育に携わってきて、「書くことは考えることだ」と実感することが多々ありました。そこで、「書くこと」の重要性を常に感じて、書くことを大事に学級づくり、授業づくりを行ってきました。

毎日日記を書かせたときもありました。毎回テーマを決めて、週に二回ほど書かせたときもありました。低学年では、有田和正氏から学んで「はてな帳」を書かせたときもありました。上條晴夫氏の「見たこと作文」を続けてやったこともありました。自分の成長を中心に書かせていったときもありました。

「書く力は書くことでしか身につかない」という思いから、あらゆる場面で書かせてきたように思います。国語科以外の他の教科でも、書くことを大事にしてきました。話したり聞いたり読んだりすることを、できるだけ書くことにつないで実践していきました。

書くことを実践しているうちに、子どもたちに書き方の技能への意識をもたせることの大切さを感じてきました。ただ繰り返し書くだけではなく、授業等で学習したことを「書き方のワザ」として学級で蓄積し、それを活用して書いていくようにしました。ワザを使うことで、書くことが上達することを自覚できるようにしました。授業以外でも、書くためのテクニックを計画的に子どもたちに教えていく必要性も感じました。

先日、田村学氏の「深い学び」についてのお話を聴く機会に恵まれました。田村氏は、「深い学び」を考える際のキーワードとして「つなぐ、つながる、つなげる」を示されています。「『深い学び』とは、『知識・技能』が関連付いて、構造化されたり身体化されたりして高度化し、駆動する状態に向かうこと」だと述べておられます。「深い学び」に向かうためには、知識を活用・発揮することが重要であり、知識をまとめたり考えたりして、それをアウトプットする学習が有効であるのではないかと私は考えました。つまり、話したり聞いたりする活動や書いて伝える活動が知識を駆動する状態に向かわせ、深い学びにつなげられるのではないかと感じたのです。以前からやってきた、話したり聞いたり読んだりした学習の学びを書くことにつないで実践していくことは、田村氏の言われる「深い学び」につながるのではないかと思います。

作文教育に関しては、先達の素晴らしい実践がたくさん残されています。今の時代でも基本的な知識として知っておきたい実践が多くあり、素晴らしい先達の実践を若い先生方に伝えたいという思いです。

また、授業改善が望まれる今、新しい指導観に基づいた授業の工夫が必要になってきます。これまでの一斉指導が中心の授業からは転換を図った、授業の工夫が必要になります。

そこで今回、私が先達から学んで、自分で実践してきた様々な作文の実践を、できるだけ新しい授業観に沿うようにアレンジしてまとめてみました。テクニックに関しても、計画的に教えておくと子どもが作文を書きやすくなるような事項をまとめました。

最近、私が興味をもって実践している「思考ツール」と「協同学習」、そして今後ますます必要になる「ICTの活用」についても少し入れさせていただきました。今度、さらに作文指導との関連を図って実践を深めていきたいと思います。

書けない子をなくすために、本書が少しでも役に立てば幸せです。

二〇一九年五月

橋本　慎也

目次

第2章　子どもが書きたくなる！低学年の作文アイデア

第3章 子どもが書きたくなる！ 中学年の作文アイデア

第4章 子どもが書きたくなる! 高学年の作文アイデア

第5章　子どもの学びを深める!　作文指導ツール&アイデア

第1章

書けない子も書く力がつく！

作文の基本テクニック

初級 1

書くことを見つける

書くことが苦手な子どもは、何を書けばいいかが分からなくてつまずいている場合が多いです。何を書けばいいかを具体的に教えて、書く材料集めをしていくとよいでしょう。

1　「いつ、どこで　だれが」を書く

「いつ、どこで、だれが」が分かるように書きます。必要に応じて文章の中には書かなくてもいい場合もあります。中、高学年になると、５Ｗ１Ｈを意識するようにします。（初級７参照）

2　具体的な名前や数字を書く

場所などの名前や日時などの数字を具体的に書いていくと、正確な文章になります。数字は縦書きに書くときには、漢数字を使って書くように教えることも大事です。

3　テーマをしぼって「したこと」を書く

たくさんの「したこと」を書くと、何を言いたいのかはっきりしない文章になってしまいます。出来事の中で気持ちが一番動いたことにしぼって、そのときに「したこと」を具体的に書いていきます。「中」の部分で二つのことにしぼって書くこともあります。（初級３参照）

4　会話を書く

会話を思い出して入れると、そのときの様子を具体的に長く書けるようになります。学年が上がれば、長い会話を思い出して書くようにすると、さらに臨場感のある表現ができます。会話の前後に、その人の表情や動

作を入れると会話にも深みが出ます。

5 思ったことを書く

単純な「おもしろかった」などの感想にまとめず、自分なりの表現で思ったことをまとめるようにします。作文の結びだけでなく、途中にも思ったことを入れていきます。「どうしてかというと」も入れると分かりやすくなります。

6 思考ツールを使う

これらの材料を集めるのに思考ツールを使うと考えやすくなります。イメージマップ、くま手チャート、X／Y／Zチャートなどを場合に応じて使うと、考えやすくなります。

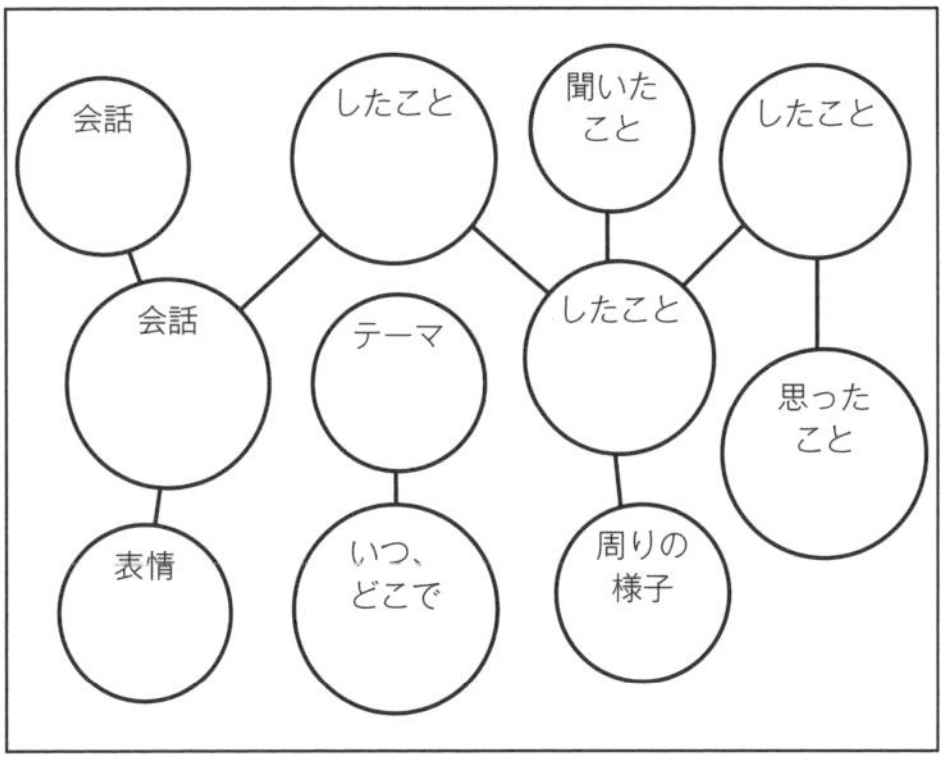

イメージマップ

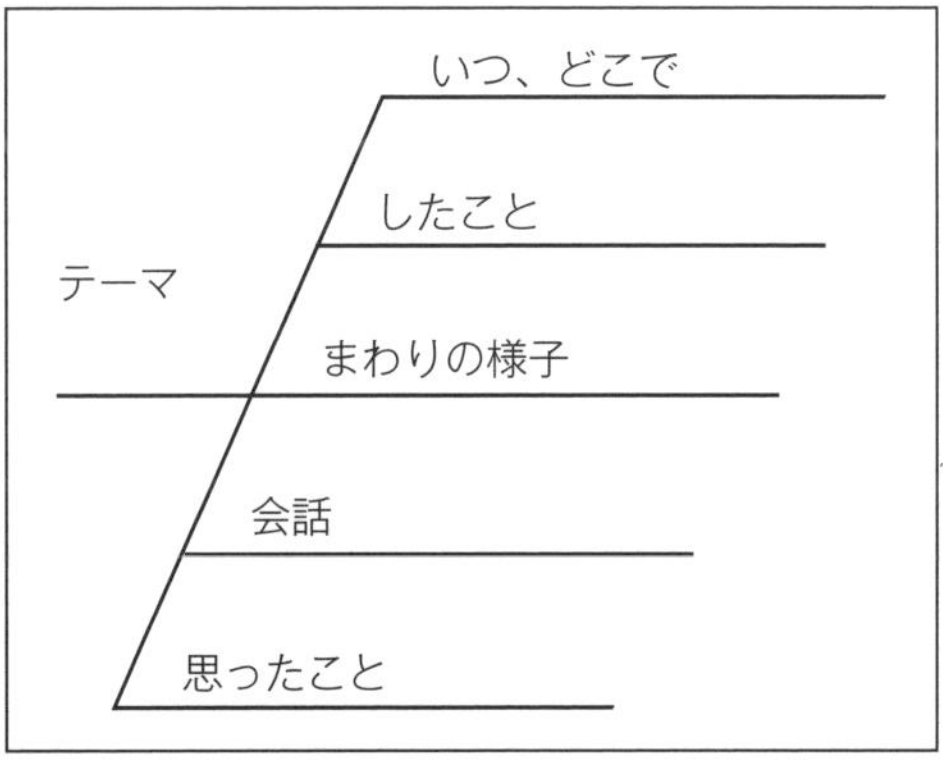

くま手チャート

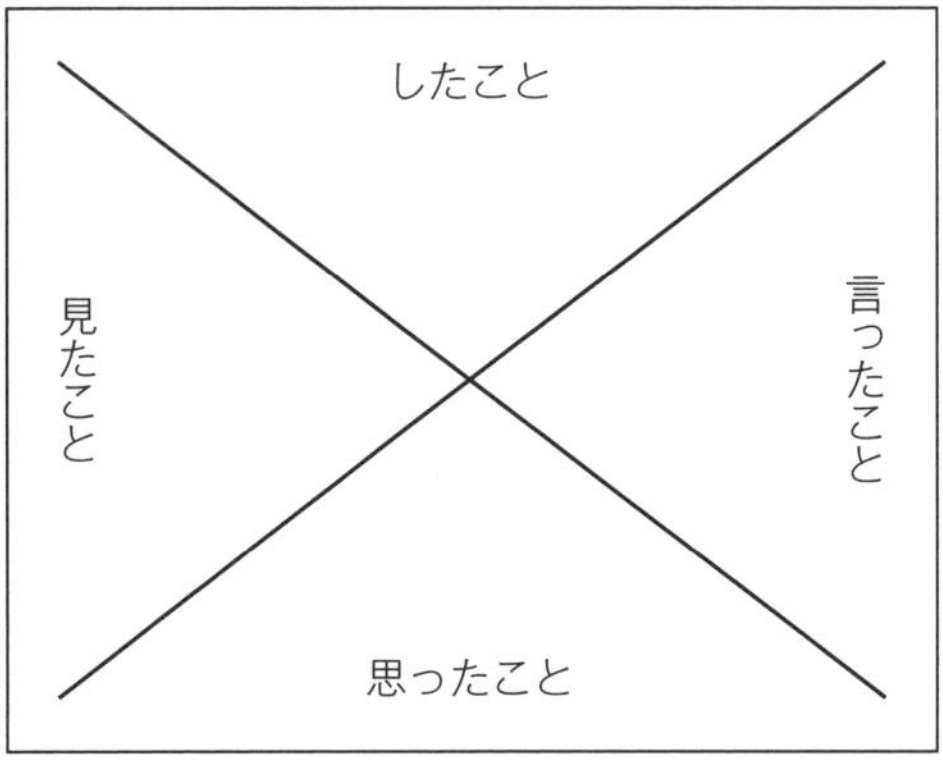

Xチャート

初級 2

五つの感覚を使って取材する

目（視覚）、耳（聴覚）、手（触覚）、鼻（嗅覚）、口（味覚）の五感を入れると、文章が生き生きしてきます。

1 使うことのよさを実感する

五つの感覚を使って取材すると、どのようなよさがあるでしょうか。子どもたちは、使うことのよさが納得できると、その技法を使おうとします。

わたしは、くりまんじゅうをつくりました。まず、くりをゆでました。くりは、まるまるとしていました。つるんとしてすべすべでした。ゆでおわると、ほうちょうでまん中から切りました。あまいにおいがしてきました。スプーンでくりぬくと、あせがダラダラおちてきました。つぎに、あんこをつくりました。くりぬいた実に、さとうとしおを入れて火にかけてまぜました。下からぶつぶつと音をたてながら、あんこがはじけました。そのあとは、きじをつくって、あんこをつつみました。そして、むしました。ふたをあけると、ふっくらしたおまんじゅうができました。むす前は、ねちねちしていたのに、大きくふわふわにかわっていました。わたしは、うれしくなってがぶっと一口たべました。口の中にあまさが広がりました。つくってよかったなと思いました。

❶まず、五つの感覚を入れた文章を読んでいきます。この文章を見て、子どもたちに五つの感覚を使った部分

に線を引かせ、目、耳、鼻、手、口の印を書かせていきます。

❷次に、五つの感覚を使っていない、したことだけを書いた文章を見せて、違いを比べさせます。

> わたしは、くりまんじゅうをつくりました。まず、くりをゆでました。ゆでおわると、ほうちょうでまん中から切りました。スプーンでくりぬきました。つぎに、あんこをつくりました。くりぬいた実に、さとうとしおを入れて火にかけてまぜました。そのあとは、きじをつくって、あんこをつつみました。そして、むしました。ふたをあけると、おまんじゅうができました。そして、食べました。

❸気づいたことを話し合い、五つの感覚を使って書くことのよさを実感させます。

2　五つの感覚を使って「くだもの作文」を書いてみる

五つの感覚を使った文章のよさが実感できたら、「くだもの作文」を書いてみましょう。くだものは、給食で時々出されます。食べることや触ることができます。地域により出されるくだものは変わると思いますが、いちごやみかん、バナナなどいかがでしょうか。

❶目、耳、鼻、手、口を書いた学習シートに、作文を書いていきます。

❷使った五感は、鉛筆で印をつけていきます。

❸書きあがったものを紹介し合い、同じ題材で様々な表現があることを実感させます。

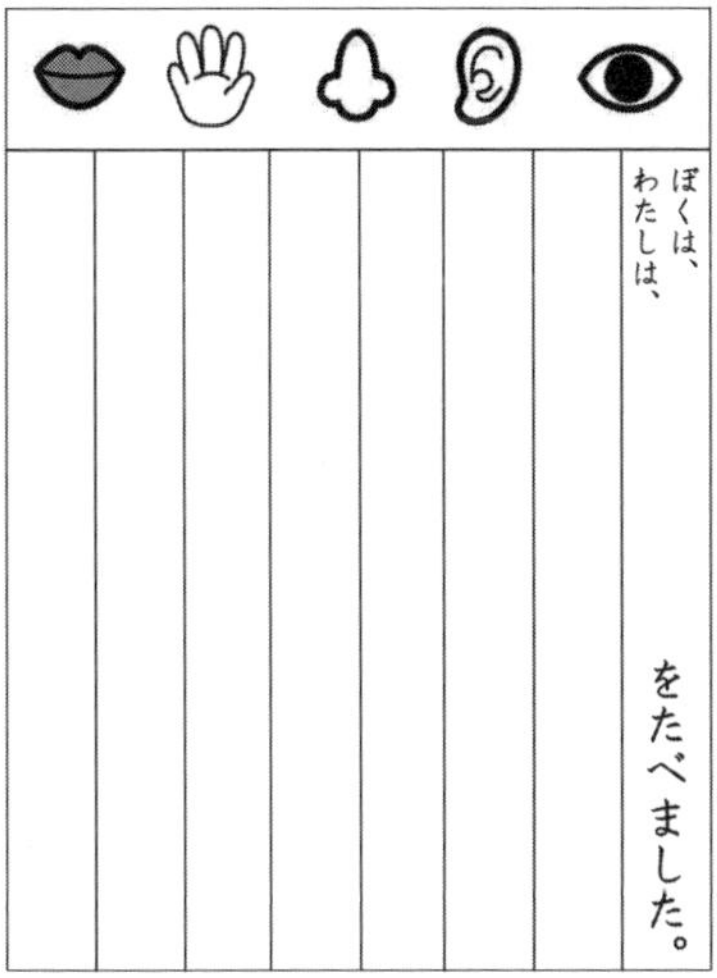

初級 3

「始め―中―終わり」を意識する

作文は文種によって様々な構成の名称が考えられますが、小学生に指導する際に基本となる考え方が「始め―中―終わり」の構成です。

1　生活文における指導

生活文というジャンルは、学校だけで通用する特殊な用語です。取材の対象を表した言葉だととらえるとよいでしょう。基本的には、「始め、中、終わり」には、次のようなことを書きます。

始め　…書き出し
中　　…一番書きたいこと
終わり…まとめ

○書き出しを何にするか考える

書き出しの工夫は大事です。出来事の順序通りに書き出してもよいのですが、いきなり中心になるところから書き出してみるのもおもしろいでしょう。書き出しの工夫については、中級4で詳しく述べます。

○「中」をいくつ書くか考える

どのくらいの長さの文章を書くかによって、「中」を一つの題材にするか、二つにするか考えます。また指導の目標によっても変わります。「中」には会話等も入れながら、具体的な表現を書いていきます。

○「終わり」には、感想を書いたり、学んだことや今後に活かしたいことなどを書いたりする

低学年では、下図のようなおさかなメモを書いてみると書きやすくなります。はじめに「中」を書くと書きやすいです。

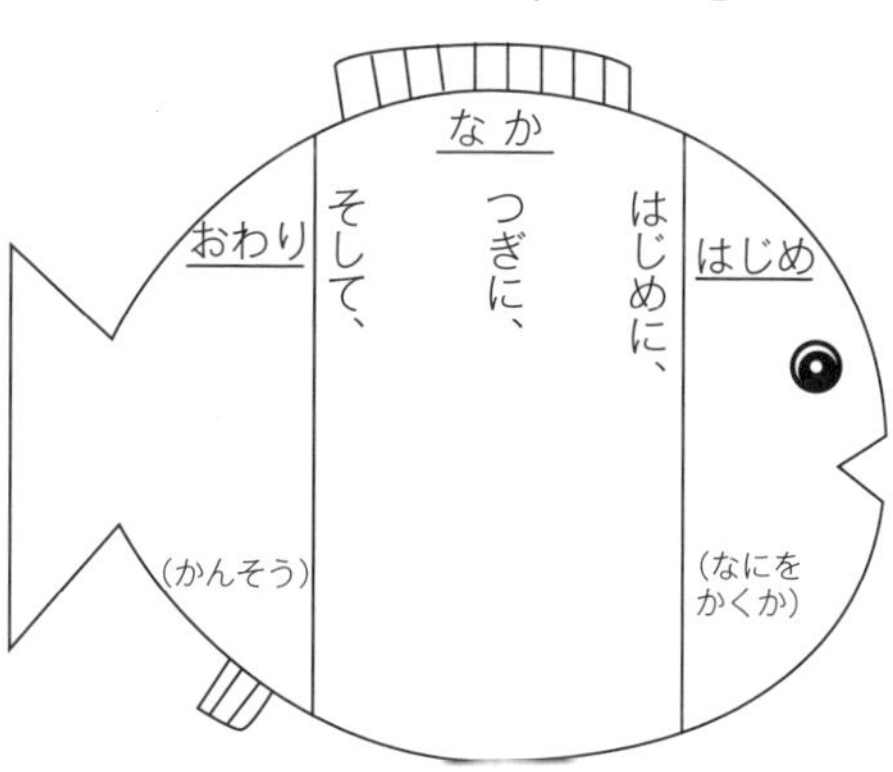

おさかなメモ

2 「説明文の作文」における指導

市毛勝雄氏はご著書『作文の授業改革論』(明治図書、一九九七)の中で、説明文(実用的な文章)としての短作文の指導の大切さを述べておられます。その中で、「型通り」の文章を書かせることを提案されています。その基本型を紹介します。

はじめ…文章の内容の予告、あらまし等を述べる。
なか　…具体例を一つだけ詳しく書く。「なか1」と「なか2」という二つの段落がある。
まとめ…具体例二つに共通する性質を表現する。
むすび…「まとめ」の中で述べた具体例の「性質」をさらに一般化して、普遍的な価値がある、と主張する部分である。

その他、構成としては中級2で起承転結等について紹介します。

初級 4

常体・敬体を区別する

1 常体と敬体を混用しない

わたしは、こくごとしょしゃのべんきょうが大すきです。どうしてかというと、じをかくことが大すきだからだ。まいにち、ひらがなのれんしゅうをしていたら、だんだんすきになりました。

日本語の文体には、敬体（です・ます）と常体（だ・である）があります。手紙など、相手に話しかける文章には敬体を使い、実用文は常体を多く用います。敬体の方が、やわらかな親しみを出しやすいです。常体の方が文を短くでき、引き締まった感じになります。文章の用途に応じて、文体を適切に使い分けるといいでしょう。右の文章では、常体と敬体が混用されています。混用しないように気を付けましょう。

2 難しい言葉と易しい言葉を交ぜない

いろんな話し合いからいつも逃げて、だれも自分のことを分かってくれない、自分の意見が通らないと悩むなんて、おかしいんじゃないか。あくまで逃避するのは最終手段だと肝に銘じたい。

前半は柔らかい印象なのに、最後の部分が硬い印象の文になっているので、アンバランスな感じを与えます。

「なのに」「おかしいんじゃないか」は話し言葉に近いものです。文章を読み返してみて、言葉のレベルをチェックし、突出したものは直していきましょう。

3 話し言葉を混入させない

いろんな競技があったけど、徒競走が一番楽しかった。すごくいっしょうけんめい走ったら、一位をとれちゃったからだ。なので、私的にはちょっと満足感があった。やっぱりいっぱい練習をやったから、一位がとれたんだろう。

話し言葉は、物事を音声で伝えるための言葉です。書き言葉は、物事を文字で伝えるための言葉です。日常、あまり意識せずに書いていることも多いと思いますが、高学年になったら、意識して使い分けるようにしたいものです。出来上がった作文を推敲する際に、見直してみるといいかと思います。

話し言葉→書き言葉

この頃→最近　ちょっと→少し　あと→それに／それに加えて　全然→全く
食べれない→食べられない　みたい→ようだ　でも→けれども／だが／しかし　やっぱり→やはり
食べてる→食べている　あんまり→あまり　いっぱい→たくさん／多くの　じゃない→ではない
たぶん→おそらく　一番→最も　絶対→必ず　いろんな→いろいろな
やる→行う　なので→だから　すごく→とても／非常に

初級 5

主語・述語を整える

言いたいことをうまく伝えるために大事なのは、正しく、分かりやすい文章を書くことです。そのために大事なのが主語と述語です。この二つをきちんと組み合わせていれば、文の意味も伝わりやすくなります。

1 不要な主語は省略する

私は、テレビはきっちり時間を決めて見るとよいと思います。私がそう考えた理由は二つあります。一つ目は、私は見る時間を決めないと目によくないと思うからです。二つ目は、私はねる時間がおそくなり、次の朝に起きられないと思うからです。

最初の「私は」はともかく、他の「私は」はなくても困りません。かえって「私は」と強調しているイメージを読む人に与えます。書いた文章を読んで内容が不明確にならないなら、省略したほうが読みやすいです。

2 主語と述語は近くに置く

主語を書き込むことが、どうしても必要な場合があります。できるだけ主語を述語に近づけるのが原則です。

わたしは、おとうさんとおかあさんとおにいちゃんといっしょに、おにいちゃんのぶかつのあとに、おにくやキャベツをきり、マシュマロをならべて、ドリンクやふうせんのじゅんびをしてバーベキューをしました。

この場合、お父さんとお母さんとお兄ちゃんと一緒にしたのは、バーベキューだけなのか準備もなのか、分かりません。一文を短くし、主語と述語を近づけて書くと分かりやすくなります。

わたしは、おとうさんとおかあさんとおにいちゃんといっしょにバーベキューをしました。おにいちゃんのぶかつのあとに、わたしがおにくやキャベツをきって、マシュマロをならべて、ドリンクやふうせんのじゅんびをしました。

3 必要な主語は、はっきり書く

複数の主述の対応がある場合、主語を省略しすぎると、何が主語なのか分からなくなります。二つ目以降の主語は省略できません。

日曜日に中学校の文化祭を見に行った。行くことは滅多にないが、さすが中学生だと思う姿を見せてくれた。

二つ目の文の主語は「行くことは」で、述語は「ない」です。でも、「行くことは」が「見せてくれ」るわけではありません。「見せてくれた」主体の「生徒たちは」をはっきり書いた方がいいでしょう。

初級
6

短い文で書く

1　文を分けてみる

一つの文が長すぎると、何を言っているのかが分かりにくくなります。いくつかに区切り、文を分けてみましょう。文を短めにすることで、すっきりするだけでなく、文章のねじれを防ぐことにもなります。

> 昨日、水泳大会があって、五十メートルに出場して一位になって、リレーをして、友達がおうえんをしてくれました。

> 昨日、水泳大会がありました。ぼくは、五十メートルに出場しました。一位をとることができました。次に、リレーがありました。友達もみんなおうえんをしてくれました。

情報は、一文に一つにするように心がけましょう。また、注意したいのが、文と文をつなげる言葉です。「そして」「それから」などを何度も続けて使わず、必要なところだけに入れるようにしましょう。書かなくても分かっていることは、省略をすると文章が短くなります。

2　長い文章を要約してみる

ぼくと母は、買い物に行って、文房具屋にノートを買いに行った。でも、自分がほしいノートがなかったので、しかたなくふつうのノートを買ってきた。ぼくと母は、ノートの種類の少ないこの店ではノートを買わないで、もっとたくさんの種類のある店に買いに行こうと話した。

↓

ぼくと母は、文房具屋にノートを買いに行ったが、ほしいノートがなく、しかたなくふつうのノートを買ってきた。ぼくと母は、今度からもっとたくさんの種類のある店に買いに行こうと話した。

作文というと、長く書くことに力を入れてしまいがちです。でも、分かりやすい文章にするためには、必要な文を選んで、短く書くことが大事です。この文章で伝えたいことは何かを考えてみましょう。大事なことだけを残して、要約して伝えると分かりやすくなります。

3　改行をする

ずっと改行をしないと、読みにくくなります。改行をするのは、次のような場合です。

○主張が変わるとき　○場面が変わるとき　○会話文を入れるとき　など

初級 7 5W1H1Rを意識する

書き忘れると、読む人が困るポイントがあります。何かというと、「いつ　どこで　だれが　何を　どうした」などです。これらのどれが欠けても、分かりにくい文章になってしまいます。

1　5W1H1Rとは何か

前出のポイントと同じ意味で、「5W1H1R」という言い方があります。「どうした」の部分を「どうした」「どうなった」と細かく分けたものです。

いつ＝When
どこで＝Where
だれが＝Who
何を＝What
どういうわけで＝Why
どうした＝How
どうなった＝Result

これらは、一つの文の中に全部入れる必要はありませんが、作文の中のどこかに、きちんと書き込まれているとよいでしょう。順番は自由ですが、「いつ、どこで、だれが」は、なるべく初めのほうに入れておくと分かりやすいです。

書きたいことを、次のようにまとめてみました。①～⑦が、作文の中に入れてあるので、言いたいことがはっきりします。

①いつ　…この前の日曜日
②どこで…ぼくじょうで
③だれが…わたしが
④何を　…パンダマウスを
⑤どういうわけで…パンダマウスがおどろかないように
⑥どうした…そっとさわった
⑦どうなった…わたしの手の中でじっとしていた

①この前の日曜日に、③わたしは、②ぼくじょうにあそびに行きました。
はじめに、ふれあいひろばに行きました。さわる前におねえさんが、

「おとしたり、つよくにぎったりすると、しんでしまいます。」

とせつめいしました。わたしは、やくそくをまもって、⑤パンダマウスがおどろかないように、⑥そっとさわりました。⑦パンダマウスは、わたしの手の中で、じっとしていました。

2 5W1H1Rで書く練習をする

❶「なわとびをしました。」という文章を提示します。
❷5W1H1Rを使って、この文を詳しくしていきます。知りたいことを発表させていきます。

・いつしたのですか。　・どこでしたのですか。　・だれとしたのですか。　・なぜしたのですか。
・どんなれんしゅうをしましたか。　・どれくらいとべましたか。

❸これらを付け加えた文章を黒板に書き、その文章を全員で読みながら、5W1H1Rを確かめていきます。

その他、「いつ」(赤カード)「どこで」(青カード)など色カードを作り、それを見せながら文をふくらませていくようにするのもいいでしょう。

初級 8

「 。」を入れる

作文を書くのが苦手な子どもからは、「何を書いていいか分からない。」ということをよく聞きます。したことだけを書いて、「もう書くことがない。」と言う場合が多いです。そういった子どもたちには、会話文を入れていくことを指導します。会話文を入れることで、その場面を生き生きと表現することができます。

1 会話文を入れる

書いていて、だらだらと説明が続くと、分かりにくい文章になってしまいます。説明している部分を、会話文に変えることで、びっくり、こわい、うれしい、といった気持ちを表すことができます。

次の文を子どもたちに示します。

> きのう、お母さんがぼくをよんだのでだいどころに行ったら、大きなボウルにいっぱいカボチャが入っていて、カボチャをつぶすように言われたぼくは、マッシャーでいっしょうけんめいにつぶした。

この文章を、「 。」を使って書き直してみましょう。

> 「ひろし、ちょっと来て。」
> お母さんがだいどころからよんだ。ぼくは、

「よし、りょうりだ。」
と思った。行ってみると、大きなボウルにいっぱいカボチャが入っていた。
「ひろし、カボチャつぶして。」
と言われて、ぼくはマッシャーでいっしょうけんめいにつぶした。

この二つを比べて、会話文を使うよさを話し合うと、会話文を使おうという意識が高まります。

2 構想表に会話文を書くようにする

作文を書くときに、簡単に構想表を書かせます。構想表を書くと、作文を書く材料が集めやすくなります。

下のような構想表を使います。「したこと」の他に、「話したこと」を書き出してみます。そうすることで、その場の様子がよく分かります。

これらの他に、言葉と音だけで書いていき、どうしても説明が必要なところだけ文を入れる、というシナリオに近い形の作文もできるので、練習してみるのもいいでしょう。

	はじめ	なか１	なか２	おわり
したこと				
話したこと				

初級

9

つなぎ言葉を正しく使う

1 つなぎ言葉とは何か

小学校では「つなぎ言葉」という用語をよく使います。品詞の「接続詞」のことです。語句と語句をつなぐ、文と文をつなぐ、段落と段落をつなぐ、という性質を持っており、大きく次のような働きがあります。

①順接…前の事柄に対して順当な結果がくることを表す。(だから、そこで、すると、したがって等)
②逆接…前の事柄に対して逆の結果がくることを表す。(しかし、だが、けれども、ところが等)
③並立・累加…対等に並べる、付け加える。(また、そして、それから、それに、さらに、なお等)
④対比・選択…比較したり選んだりする。(または、それとも、あるいは、もしくは等)
⑤説明・補足…前の事柄の説明や補いを表す。(つまり、なぜなら、すなわち、もっとも等)
⑥転換…話題をかえる働きをする。(さて、ところで、では等)

2 つなぎ言葉を正しく使う

つなぎ言葉の使い方をきちんと身につけるには、それぞれのつなぎ言葉の意味の違いを考えながら覚えていくことが大事です。つなぎ言葉を正しく使いこなせるようになると、文にしまりが出てきます。論理的な文章を書くには、特に重要です。

つなぎ言葉の使い方の練習では、よく練習問題プリントによる穴埋めの問題を行うことがありますが、次のような学習をやってみてはいかがでしょうか。

【つなぎ言葉作文】

❶サイコロを作り、それぞれの面に指導したいつなぎ言葉を書いておきます。

❷学習シートを準備し、書き出しの文章を書いておきます。

❸代表の子どもがサイコロを転がし、出たつなぎ言葉を（　）に書き、続きの話を書きます。

❹何を書くかが分からない子どもには、つなぎ言葉の後に、どのような内容を書けばよいかを助言します。

❺できた作文を発表し合い、正しく使えているかを確かめます。

ぼくは、昨日ひろし君の家でゲームをしました。
（　　）、

※正しく使えましたか。（　）

3　必要のないつなぎ言葉は削る

子どもの作文に「そして」が乱用された作文があります。「そして」と書かなければ次の文が出てこない場合はとりあえず書いておいて、後で読み直したときに、あってもなくてもいいことを確認して削るとよいでしょう。

4　「が」に気を付ける

「が」は、順接にも逆接にも使える便利なつなぎ言葉なので、意味があいまいなままつい使ってしまう危険性があります。「が」に頼らず、他の適切なつなぎ言葉がないか考えてみるといいと思います。

初級
10

原稿用紙の使い方を理解する

せっかくいい作文が書けても、原稿用紙の使い方が間違っていたらもったいないです。また、字数制限も関係してきますので、正しく書けるようにしましょう。

1　題名・名前の書き方（例1）

・題名は、上を2～3マス空けて書き始めます。
・名前は、下が1～2マス空くように書きます。また、姓と名の間は1マス空けるのが多いようです。

2　段落の書き始め（例2）

・本文の書き始めや、改行して新しい段落にする場合は、上を1マス空けて書きます。

3　句読点の書き方（例3・例4）

・句読点（「。」や「、」）などは、文字と同じように1マスに一つ書きます。マスの右上に書きます。
・句読点は、行のはじめに書くことはできません。句読点が行の最後にきて下にマス目がない場合は、最後のマス目に文字と一緒に書きます。または、欄外に書いても構いません。

4　会話文の書き方（例5）

・会話文は、かぎかっこ（「　」）を用いて書きます。
・会話文の終わりの句点（。）とかぎかっこ（「　」）は、一つのマス目に書きます。会話文が2行以上になる場合は、2行目以降を上を1マス空けて書く場合と空けずに書く場合と両方あります。（教科書の例では空けて書く場合が多いようです。）

・会話文の書き始めは、原則として行を変えます。会話文のあとに続ける文は、原則として行を変えて書きます。段落の変わり目ではない場合は、上を１マス空ける必要はありません。

5　カギカッコと二重カギカッコ（例6）

・会話や気持ち（思ったこと）を表すときや言葉の意味を限定したり強調したりするとき、引用するときなどには、カギカッコ（「　。」）を使います。開きカッコ（「）などは、行の末尾に書きません。末尾のマスを空けて次の行に書きます。思ったことは、行を変えず、句点もつけません。カギカッコを付けない場合もあります。

・カギカッコの中にもう一つカギカッコを入れる場合や書名などを表すときは二重カギカッコを使います。

6　3点リーダーやダッシュ（例7）

・3点リーダー（……）は、１マスに点を三つ書き、２マス続けて書きます。ダッシュも同様です。

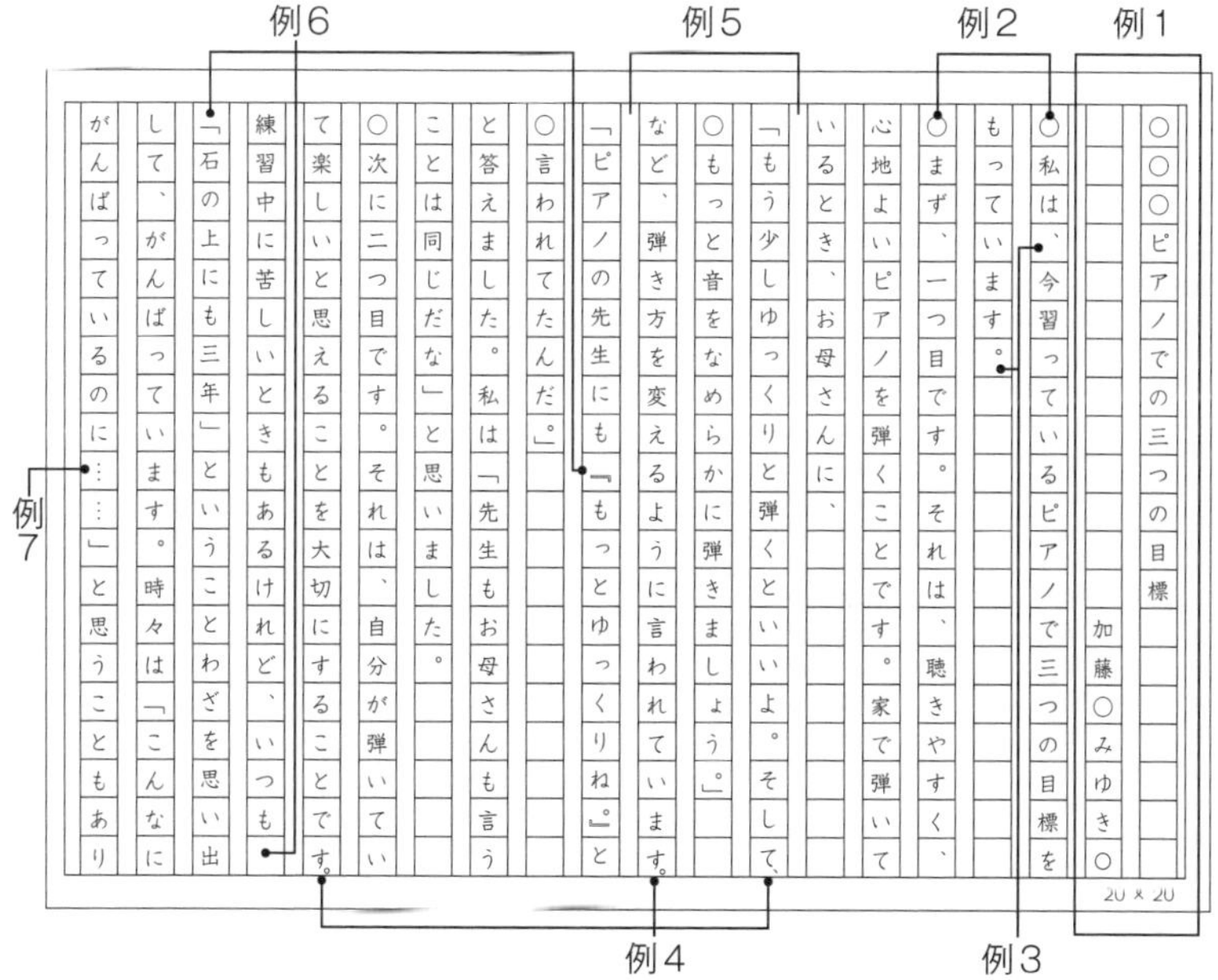

中級1 書く内容の中心を明確にする

低学年では、様々な視点からできるだけたくさん素材を集めます。しかし、中学年からは、ただ素材をたくさん集めるのではなく、伝えたいことを表現するために、素材の中から選択（選材）していきます。

1 「主題」が一貫した文章を書く

今日、昼休みにおにごっこをした。はじめに、たかしくんがおにになった。ぼくはなかなかつかまらずに、にげきった。次に、しんいちくんがおにになった。しんいちくんはとても足が速いので、ぼくはすぐつかまった。しんいちくんはすごいと思った。さとしくんがころんで足から血が出てかわいそうだった。ゆうやくんが保健室につれていった。

この文章を読んで、何を一番伝えたいかが分かったでしょうか。仮に、この文章で一番伝えたいことが、「ゆうやくんがさとしくんを保健室につれていったのがえらい」ということであったとします。このような書きたいと思う中心的な事柄を「主題」あるいは「テーマ」といいます。

野口芳宏氏は、ご実践の中で、テーマが割れないために「主題文を題名にする」ことを指導されています。

①「主題」を一貫させる…最も心に残ることを一つ選んで、それについて書くようにする。

②題名をつける…主題文を題名に書く。そうすると、いつも題名への意識があるから、そのことから離れず深く考えて書くことができる。
③思索を入れる…出来事を書くだけでなく、自分の考えや感想を入れて書く。

「ゆうやくんがさとしくんを保健室につれていったのがえらい」という題名にすれば、あまり関係がない文章を削り、主題に関するさとしくんのけがの様子やゆうやくんの言動、それを見た自分の気持ちなどの文章を付け加えて、主題が一貫した文章が書けるでしょう。

2 相手意識・目的意識をもつ

ぼくたちの学校は、全校児童二十人という小さな学校です。「さみしそう」と思われるかもしれませんが、そんなことはありません。なぜなら、日ごろから地域のみなさんが、ぼくたちのことを温かく見守ってくださるからです。一つ目は、運動会のことです。…二つ目は、そば作りのことです。…三つ目は、あいさつ運動です。このように、ぼくたちの学校は、地域の方とふれあう機会がいっぱいあって、地域の方の優しい気持ちに包まれている温かい学校です。…

誰に対して書くのか（相手意識）、どんな目的で書くのか（目的意識）を、はっきりと意識して文章を書く必要があります。相手意識や目的意識をもつことで、どの事実を選べば地域の方々に見守られていることが伝わるか、どんな書き方をすれば相手に状況を理解して共感してもらえるかを考えて書くことができます。

中級 2

起承転結、起承束結について知る

「起承転結」という言葉をよく聞かれると思います。似た言葉に「序破急」という言葉もあります。どのようなものなのでしょうか。

1 「起承転結」とは何か

「起承転結」とは、もともとは漢詩の構成法の一つだったということです。四つの句で作られる「絶句」では、第一句が「起」で詩のはじまりを表現し、第二句が「承」で第一句を受けて詩の内容を進める、第三句が「転」で詩の内容を展開させて別の境地を開き、第四句が「結」で一編全体の意を総合する、といった意味があるようです。ちなみに、「序破急」とは、能楽や雅楽などの構成方法が起源となっていて、「起承転結」と似ていますが、「起承転結」が四段構成なのに対し、「序破急」が三段構成になっています。

2 「起承転結」を文章に活かす

「起承転結」は、小説のように予測できない話の展開や結論を楽しむ文章には適しています。どんな文章を書くかを考える際の参考になります。大まかには、次のように考えたらいいでしょう。

起…物語の設定（桃太郎がどのように生まれたか）
承…物語の始まり　何かが起こる（桃太郎が犬、猿、きじを連れて鬼退治に行く）
転…その事件を解決する（鬼ケ島で鬼を退治する）

結…その結果どうなったか（鬼が村人から奪った宝を持ち帰り、幸せに暮らした）

子どもたちに理解させるには、このような桃太郎などのよく知っている話に当てはめて考えさせるといいでしょう。また、四コマ漫画を使って説明する場合もあります。イメージしにくい素材もありますので、「起承転結」の構成が分かりやすいか、しっかりと吟味してから教材として使われた方がいいでしょう。

論文の書き方などにも起承転結を勧めてある場合があるようですが、この場合は「話を展開する」あるいは「テーマに沿って別の角度から検討する」といった場合の「転」の意味で使ってあることが多いようです。

3 「起承束結」とは何か

「起承転結」は小説や詩、漫画など、「物語のストーリー」を書く際には有効です。しかし、論理的な文章の場合、「転」というのは、論理を収束する役目は果たせず、適しません。やはり、ここは「まとめ」という言葉が最適です。「起承転結」に合わせて考えると「起承束結」ということになります。

4 「起承束結」を文章に活かす

市毛勝雄先生は、『作文の授業改革論』（明治図書、一九九七）の中で、説明文には型があり、文章を書かせる授業では基本の型の文章が書ければよいと提案されています。その中で示されているのが下の型です。『説明文の読み方・書き方』（明治図書、一九八五）の中でも書かれています。共通する性質を書くことで主張が明確になります。

はじめ…全体のあらましを書く
なか1…具体例を一つ書く
なか2…別の具体例を書く
まとめ…「なか1」と「なか2」の共通する性質を書く
むすび…共通する性質が、すべての人に大切であるという主張を書く

中級 3

段落を意識する

文章には、いくつかの「まとまり」があります。例えば見学旅行の作文を書く場合、バスの中のこと、見学場所での話、昼ご飯のことなどです。この文章のまとまりが段落です。今まで書いていたのと別のまとまりを書くときは、段落を分けます。そのときは行をかえて、書き初めを一字下げて書きます。

1　なぜ段落は必要なのか

文章は、たくさんの文から成ります。それらの文はいくつかの段落にまとめられ、段落の展開によって話の筋が決まります。段落を分けないと、次のような問題が生じます。

○読み手が読解するのにとても苦労する
○書き手本人の頭の整理がなされず、明晰な文章にならない

つまり、段落分けをしないと、読み手、書き手双方にマイナスが大きいのです。

2　一つの段落には一つの話を

地球温だん化以外にも、工場から出る有毒なガスで、「オゾンそう」という地球を太陽からのし外線から守るそうにあなが空き始めています。私は、見学旅行でクリーンセンターに行きました。ゴミを燃やしたときに出る熱を電気にかえるなどの工夫がされていることがわかりました。

もし、新しい考え方や事柄に移るときは、新しい段落にします。前出の文では「オゾン層に穴が空いている」という話題ですので、クリーンセンターでの有毒ガスを減らす工夫の例が続くといいのですが、別の熱の利用の話題になっています。こういった場合は、段落を変えるようにします。その段落のすべての文は、段落の全体が表す考えと関係があるようにします。段落の全体が表す考えと関係ない文は入れないようにします。

3　主題文は段落の初めか終わりにおく

主題文とは、その段落の全体が表す考えを端的に述べている文です。主題文は、主題文であることがよく分かる段落の初めか終わりにおくようにすると、読む人に各段落の内容をつかんでもらいやすくなります。

一つは、言葉の一つ一つを大切にするということだ。例えば、私が小さいころ好きだった「うさこちゃん」シリーズの絵本がある。原書を直訳すれば「こうさぎ」になる。だが、石井さんは「こうさぎちゃん」ではなく「うさこちゃん」と訳した。私はこのやさしく、親しみやすいうさこちゃんが大好きだった。石井さんのことを調べて、その一言、一言が考えぬかれた言葉だと思った。

4　段落の中の文のつなぎ方

段落の中の文と文は、自然につながるようにします。例えば、次のようなつなぎ方があります。

○出来事や行動を時間の順序に従って並べる　○理由から結論、原因から結果、事実から感想へと並べる
○結論から説明へと並べる　○実例や例えを出して進めていく　○比較や対照を示して進めていく

中級
4
書き出しを工夫する

書き出しは、作文を書くときに一番迷う部分です。書き出しで「この作文は面白そうだ」と読み手を引き付けると、作文を最後まで読んでもらうことができます。また、どんな内容なのかを予想させることができます。

1　書き出しの工夫例

①著名人の話題から入る

・イチロー選手は、小さいころから大きな夢を持っていたそうである。
・昔、聖徳太子は一度に十人の話を聞けたという。

②身近な体験から入る

・ぼくは、一年生の時から習字を習っていた。
・先日、花火を見に行った。花火はこんなに大きかったかと改めて思った。

③問題を提起して入る

・もし、大きな地震が起こったら、どうなるのだろうか。
・新聞を読まない人が増えているというのは、本当だろうか。

④慣用句・ことわざを引用して入る

・「暑さ寒さも彼岸まで」というが、お彼岸を過ぎると、本当に涼しくなってくるものだ。
・覆水盆に返らず。このことを、私は痛感した。

⑤セリフから入る

・「ようい、どん。」ピストルが鳴りました。いよいよ、ぼくが楽しみにしていたリレーが始まりました。
・「お兄ちゃんだよ。よろしくね。」五月十五日、ぼくははじめてお兄ちゃんになりました。

⑥場面の様子から入る

・雨が上がり、雲のすき間から、太陽の光が差し込んできた。
・まちは人であふれかえっていた。

⑦動作から入る

・ぼくは、歩き続けていた。とてもつかれていたが、気持ちは晴れやかだった。
・家に帰ると、私はすぐに宿題を始めた。

⑧音から入る

・ガチャン。台所から大きな音がしました。
・ピーヒョロロ。空からトンビの声が降ってきました。

⑨一番言いたいことから入る

・ぼくの家のイチゴはすごいんです。

⑩呼びかけから入る

・みなさんは鉄棒の学習は好きですか。
・ある日突然、あなたが家をこわされたらどうしますか。

⑪わざとテーマと無関係なことから入る

・私は運動会がきらいだ。……でも、今年の運動会は少し違った。

中級5 最後の文を工夫する

書きはじめや題と同じように、作文では終わり方も大切です。最後の文で読後の印象が変わります。一般的に「おわり」の部分には、自分がこれからしたいこと、思っていること、考えたことなどを書きますが、その中に印象に残る言葉を入れたいものです。

1 最後の文の工夫例

①「セリフ」で終わる
・日直が言った。「これで五時間目を終わります。」

②呼びかけで終わる
・じいちゃん、いつもありがとう。また行こうね。

③願いで終わる
・ぼくが大人になっても緑の地球でありますように。

④自分が一番言いたいことを書く
・私は、この白川、この熊本市が大好きです。

⑤ことわざ等で終わる
・千里の道も一歩から。

⑥場面を書いて終わる

・校庭のブランコが静かにゆれていた。

⑦質問で終わる

・みなさん、どう思いますか。

⑧「まとめ言葉」で終わる

・つまり、私がいいたいことは、…

⑨オチを考えて終わる（前半のフリを活かしてまとめでオチをつける）

2 読書感想文の終わり方

読書感想文には、書き方のコツがあります。これらのコツを組み合わせてまとめてみましょう。終わり方も工夫すると印象に残る感想文になります。

①本から自分が、学んだことを書く

・この本はぼくに、友達を信じることの大切さを教えてくれた。…

②私はこれから～、と書く

・私はこれから、真実とは何か、さらに深く考えてみたいと思いました。…

③作者が一番伝えたいことでまとめる

・本当のテーマは、「努力はいつか実る」ということではないでしょうか。…

④本の中の言葉でまとめる

・私は「表も裏もない心で見返りを期待しない行動を『おもてなし』って言うんだよ。」という言葉が強く心に残った。…

中級 6

修飾語に気を付ける

他の文節にかかってその意味を詳しく説明する文節を修飾語といいます。修飾語は、被修飾語よりも前に来ます。体言の文節にかかる修飾語を連体修飾語、用言の文節にかかる修飾語を連用修飾語といいます。

修飾語は、書く場所によっては、どの言葉を説明しているのかが分かりにくくなります。どこに書くか、書く位置に気を付けましょう。

1 被修飾語の直前に置く

北海道の美味しい牛乳で作られたチーズ

この文章の「北海道の」は、「牛乳」にかかる言葉か「チーズ」にかかる言葉かはっきりしません。北海道のチーズということを伝えたければ、「美味しい牛乳で作られた北海道のチーズ」と書く方が相手に意図が伝わります。また、北海道の牛乳ということを伝えたければ、「美味しい北海道の牛乳で作られたチーズ」と書くと、読み手に誤解を与えません。

2 修飾語が副詞の場合は特に注意する

できるだけ時間が少なくなっても、落ち着いて行動するように心がけている。

この文では、「できるだけ」が「落ち着いて」にかかるのか「心がけている」にかかるのかはっきりしません。修飾語と被修飾語が離れているため、関係が分かりにくくなっています。そこで、修飾語と被修飾語を近づけて書きます。「心がけている」にかかるとすると、次のようになります。

> 時間が少なくなっても、落ち着いて行動するようにできるだけ心がけている。

修飾語はかかる言葉の直前に置くのが基本ですが、副詞の場合は、ついそのことを忘れてしまいがちになります。「できるだけ」の他に、「すでに」「なぜ」「ますます」「やや」「もしも」「全然」など、修飾語が副詞の場合は、特に置き場所に注意しましょう。

3 一つの修飾語は一つの語だけを修飾する

> 三台の自動車とトラックを購入した。

この文では、自動車とトラックで合わせて三台なのか、自動車が三台でトラックが一台なのか、三台ずつなのかがよく分かりません。一つの修飾語は一つの語だけを修飾するようにして、「二台の自動車と一台のトラック」など、きちんと台数を表現した方がいいでしょう。

文章は、まずは思いつくまま書いても構いませんが、必ず読み直して、それぞれの語句が適切な場所に置かれているかをチェックしましょう。

中級 7

簡単な動詞や形容詞の表現を工夫する

ぼくは、「やった。一位だ。」と言いました。

作文を書くときに、簡単に「言いました」と書いてしまうことがよくあります。「言う」という言葉は、その場面に応じて、「さけぶ」「つぶやく」「もらす」「伝える」「口を開く」「しゃべる」「ささやく」など、様々な言い方があります。中学年くらいになったら、ただ「言う」と書くのではなく、どの言葉が適切か、場の様子に応じて表現を工夫するとどうでしょうか。特に形容詞は、安易に使わず、その代わりに具体的な「事実」「数字」「エピソード」などの「素材」を入れた方が相手に言いたいことが伝わります。また、形容詞は、読み手が「そうだったのか」と思う感想のようなものですから、使いすぎると幼稚な文章に見えてしまいます。

簡単な動詞や形容詞の言い換えの言葉、類語、関連語、連想される言葉などを探してみるといいでしょう。

1 「見る」の言い換え

見とれる　見入る　目をこらす　目を通す　にらむ　見守る　目を皿のようにする　見つめる

見かける　ながめる　のぞく　目をやる　目を奪う　目を留める　目を向ける　目にふれる

2 「食べる」の言い換え

かぶりつく　いただく　平らげる　つまむ　召し上がる　ほおばる　口にする　腹に入れる

3 「おこる」の言い換え

いきどおる　息巻く　ふくれる　逆上する　憤慨する　立腹する　むっとする　激怒する
口をとがらせる　腹が立つ　はらわたがにえくり返る　かっとする　かんかんになる　むかっとする

4 「聞く」の言い換え

聞き入る　聞き流す　聞きほれる　聞き耳を立てる　小耳にはさむ　耳にする　尋ねる　耳をかたむける
耳をすます　耳をそばだてる　耳を貸す　拝聴する　問いかける　質問する

5 「おどろく」の言い換え

目玉が飛び出る　びっくりする　息をのむ　目を丸くする　こしをぬかす　どきっとする

6 「こわい」の言い換え

おじける　おそれる　おそろしい　おののく　おびえる　おっかなびっくり　ぞっとする　ふるえ上がる
恐怖の声を上げる　きもを冷やす　身の毛がよだつ　背筋が寒くなる　びくびくする

7 「好き」の言い換え

いとしい　こいしい　好む　慕う　好意をもつ　好感をもつ　夢中になる　愛する　気に入る
心を奪われる　熱を上げる　目がない　うっとりする　ほれぼれする　いつくしむ

8 「嬉しい」の言い換え

小踊りする　喜ぶ　有頂天になる　歓喜の声を上げる　気をよくする　心がはずむ　胸をときめかせる
胸をおどらせる　うきうきする　わくわくする　ほくほく顔になる

9 「悲しい」の言い換え

切ない　断腸の思い　胸が痛む　胸が張り裂けそうになる　身を切られる思い　しんみりする

中級 8

自分だけの題名を工夫する

「運動会」「楽しかった運動会」「運動会の思い出」「一位になったよ」「全力のつなひき」「心を一つに」

運動会の作文の題名です。題名は、いわば作文の「顔」のようなものです。顔が一人一人違うように、作文の題名も自分にしかつけられないものを考えたいものです。題名を見ただけで、「面白そうだ」と思えるように、中身が分かる題名、先を読みたくなる題名をつけるように工夫してみましょう。

1 題名で考えたいこと

何が書かれているか、読む人にすぐに分かるような題名である必要があります。また、読む人に興味をもってもらえるように工夫します。題名は、最後につけても、仮の題名をつけておいて後で修正してもいいです。

①伝えたいことが分かり、短くまとめられていること
②読む人の目に留まるようなインパクトがあるもの、読みたいと思わせるもの

2 一番伝えたいことを題名にする

作文では、自分の伝えたいことがあります。その伝えたいことを、そのまま題名にする方法があります。

「友情の大切さ」「一つになった瞬間」「夢をあきらめない」「アンカーとしての責任」「みんながいれば…」

3 会話の形の題名にする

語りかけのスタイルにすると、生き生きした題名になります。

「目指せ！優勝」「がんばれ弘くん」「あきらめないで」「運動会最高！」「やればできる」「お母さん、ごめんね」

4 逆の視点から見て題名にする

当たり前と思っている常識的な考えをくつがえすことで、インパクトを出すことができます。

「がんばれなかったリレー」「妹なんてかわいくない」「三メートルのプール」「無理やりから始まった三日間」

5 あえて長い題名にする

題名は短くまとめるのが基本ですが、テーマを文にして、そのまま題名にしてしまう方法もあります。テーマをはっきりと題名にしておくと、内容がテーマから外れにくいという良い点もあります。

「赤ちゃんが生まれて、ぼくが学んだ四つのこと」「おじいちゃんの喜寿のお祝いで知った家族のつながり」

中級 9

自分だけのオノマトペを工夫する

1 オノマトペとは何か

オノマトペとは、擬声語という意味で、元はフランス語です。日本語は世界の言語の中でもオノマトペの種類が多い言葉だと言われています。それだけ、日本語は心の状態や自然の状態などを敏感に感じ取り、いろいろな種類の言葉として表現する言語なのでしょう。

擬声語は、擬音語と擬態語に分けられます。大まかには、右の図のような構造になります。

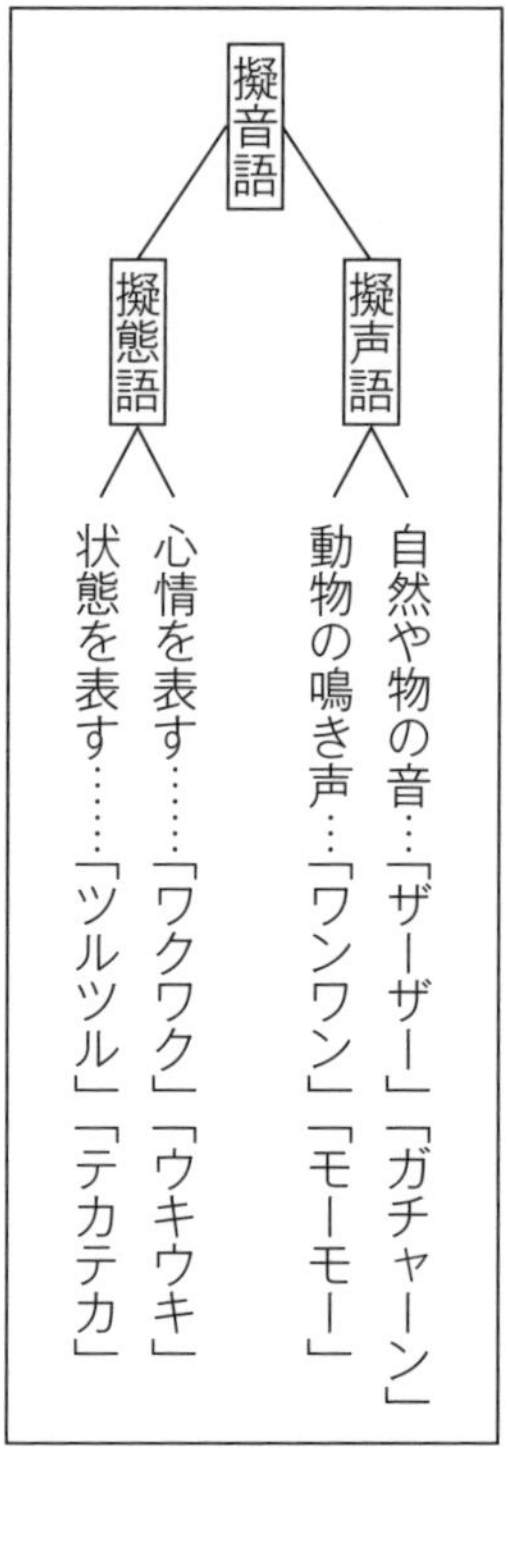

2 オノマトペを使うとどんな効果があるか

オノマトペは状態を感覚的に表す言葉なので、読む人の感覚に訴える文章を書くのに適しています。

オノマトペを使わないで書いた次の文章を見てください。

> 私がのんびりと歩いていると、ひよこの鳴き声が聞こえてきた。それまで、長雨が続き飽きてしまって嫌になっていたのが、急に完全に終わって、楽しい気分になった。

この文章をオノマトペを使って書き表すと、次のようになります。

私がぶらぶら歩いていると、ピヨピヨという声が聞こえてきた。それまで、長雨が続きうんざりしていた気持ちがぴったりやんで、楽しい気分になった。

オノマトペを使った方が、よりリアルな状況を想像させたり、微妙な気持ちを伝えたりできます。

3 自分だけのオノマトペを工夫する

オノマトペを適切に使うと、楽しい臨場感のある文章を書くことができます。

ハムスターがたべるのを見ていました。にぼしは、かわいい手で頭を（　　　）とちぎり、（　　　）と捨てたり、（　　　）とはいたりして、からだだけを（　　　）たべました。やさいは、つのみたいなかわいいまえばをつかって、（　　　）かじっていました。

（　　　）に適切なオノマトペを入れてみましょう。「もぐもぐ食べる」「がりがりかじる」などの決まりきった言葉でなく、自分で感じ取ったオリジナルのオノマトペを使うと、楽しい文章になります。
ただ、オノマトペの乱用には気を付けましょう。読み返してみて様子が正確に伝わるオノマトペの使い方になっているか、ＴＰＯにあった文章になっているか、くどくて幼稚な文章になっていないかなどをチェックして使うようにしてください。要所要所で使うことで効果が上がります。

中級
10

ナンバリング・ラベリングを使う

1 ナンバリングとは何か

説明する文章を書く際に、分かりやすい構成にするための方法として、ナンバリングとラベリングがあります。ナンバリングとは、ひとまとまりの主張に通し番号を付けることです。ディベートの立論を書くときによく使われます。

> 私は…を…すべきと考えます。理由は以下の三点です。
> 第一に（一つ目に）、…　第二に（二つ目に）、…　第三に（三つ目に）、…
> このような理由で、私は…を…すべきと考えるのです。

ナンバリングを使うと、論拠や具体例が複数ある場合に、それぞれに通し番号がついて、読み手にとって非常に整理された分かりやすい文章になります。「まず」「次に」「そして」という書き方もありますが、ナンバリングをすると、次の二つのよい点があります。

①論点の数がはっきり示される。
②数字を使うことで、論点を視覚的にとらえることができる。

2 ラベリングとは何か

ラベリングとは、ひとまとまりの主張を短文やキーワードでまとめ上げること、つまり見出しをつけることです。これにより話の予告をすることにもなります。ナンバリングを使って「一つ目は…」と説明するときに、さらにラベリングを使って最初に短文やキーワードで見出しをつけます。論拠や具体例を述べるときに、ナンバリングのあとに頭括型にするイメージです。

一つ目は、お米は栄養があるということです。（そのことの詳しい説明）
二つ目は、いろいろなおかずにあうということです。（そのことの詳しい説明）

これによって、読み手はいま現在の説明が何のために行われているのかを理解しながら読むことができるようになります。

3 ナンバリング・ラベリングを使った実践

上條晴夫氏の『子どもが熱中する作文指導20のネタ』（ネットワーク双書、一九九三）における「発見作文」にナンバリングを使った指導が見られます。上條氏は二年生の子どもたちに授業のビデオを見せ、そして下のような書き方の型を示されました。

これにより、子どもたちは気づいたことをたくさん書き、意見をもとに分析的にビデオを見ていくようになります。

ビデオを見て、気づいたこと・考えたことを書く。
○つある。
一つ目は、　　　である。（考えたこと）
二つ目は、　　　である。（考えたこと）
……………………
（終わりに感想をズバリと書く。）

上級 1

適切な文章構成法を使う

作文を書いたけれど、何となくまとまりが悪いと感じたことはないでしょうか。相手に伝わる文章や説得力のある文章、質の高い構成力のある文章表現を身につけるには、どうしたらいいのでしょうか。そのためには、文章構成法を意識して書くと、論理的な文章になります。中級2で「起承転結」「起承束結」については書きましたが、ここではまず、「結論部（まとめ）」をどこに置くかを視点にしたものを紹介します。

1　頭括型

最初に結論を提示し、その後に説明、事実、具体例などを述べる文章構成で、一般に短い文章に向いているとされています。新聞記事などは、この形です。

> こうもりは鳥類ではなくほ乳類である。なぜかというと、こうもりの羽は羽毛でおおわれていない。さらに、こうもりは卵ではなく直接子どもを産み、乳で子育てをするからだ。

2　尾括型

最後に結論を提示し、先に説明、事実、具体例などを挙げて述べる文章構成で、多くの文章がこの構成を採用しています。じっくり最後まで読んでもらう場合に向いています。

こうもりの羽は羽毛でおおわれていない。さらに、こうもりは卵ではなく直接子どもを産み、乳で子育てをする。だから、こうもりは鳥類ではなくほ乳類である。

3 双括型

はじめとまとめで二度にわたって結論を提示する文章構成で、一般に論説・評論に向いているとされています。理由が長いときに、結論を再認識してもらうのに効果があります。

こうもりは鳥類ではなくほ乳類である。なぜかというと、こうもりの羽は羽毛でおおわれていない。さらに、こうもりは卵ではなく直接子どもを産み、乳で子育てをする。だから、こうもりはほ乳類である。

4 O―IBC

堀裕嗣氏は『国語科授業づくり10の原理・100の言語技術』（明治図書、二〇一六）中の、「話すこと」の言語技術の一つとしてIBCを提案されています。これは、「introduction」「body」「conclusion」の略です。いわゆる「序・本・結」です。それに、「枕の工夫」の「orientation」をつけて、O―IBCとされています。まず、Oで枕を工夫して、読者が自然に文章の世界にひき込まれるようにします。次に、Iで全体の「概要」を述べます。Bで「詳細」を述べます。最後にCで「詳細」を受けての「まとめ」を述べます。この基本型を踏まえた上で、頭括型、尾括型、双括型の組み立てを考えるとよいでしょう。詳しくは、堀裕嗣氏の前述の本や『教室プレゼンテーション20の技術』（明治図書、二〇〇二）等を参照されてください。

上級 2

対比と類比を活用する

1 対比とは何か

「対比」とは、二つのものを比べて、それぞれの性質や違いを明確にすることです。そのことにより、異なる二つのものを並べたときに、その相違点が強調されて感じることができます。

また、自分の意見を述べる際に、「Aだと思う」とだけ書くのではなく、「BではなくAだと思う」とか「確かにBという考えもあるが、Aだと思う」というように、自分が書こうと思うことと対比する考えや事実が分かるように書くこともあります。対比を使って書いていくと、主張がはっきりした文章になっていきます。

過去と他人は変えられない。しかし、自分と未来は変えることができる。

私は、日本の家は和風がいいと思います。理由は、和風の方が日本の風土や気候に合っているし、部屋が使いやすいし、精神的に安らぐからです。洋風の方が今のライフスタイルに合っているとか、プライバシーが守られるとかという意見があるかと思いますが、私は和風の家の方が家族の交流が保てて会話も増えるし、落ち着くことができると思います。

2 「比較」「類比」「対照」との違い

「比較」「類比」「対照」といった同じような意味のある語はどんな違いがあるか比べてみましょう。
○「比較」には、「二つ以上のものを比べ合わせて、その相違について考えること」という意味があります。
例「旅行業者から、修学旅行の見積もりを取って比較検討する。」「比較にならない実力の差がある。」
○「類比」は、「(同種のものを)比べ合わせること」といった意味があります。
例「日米の住宅事情を類比する。」「両国の国民性を類比する。」
○「対照」は、「対立する二つの物事の違いが際立つこと、コントラスト」といった意味があります。
例「二人の性格は、剛と柔のいい対照だ。」「色の対照が鮮やかだ。」

3 類比とは何か

「類比」とは、前述のように、同種のものを比べ合わせることで、その共通点を明らかにしていきます。

> かるた遊びでは、一人が読み札を声に出して読み、他の人たちが、それに合った取り札をきそい合って取ります。読み札と取り札を合わせることから、合わせかるたとよばれます。読み札に何を書くかによって、かるたには、さまざまなものがあります。その中で、もっともひろく、長く遊ばれてきたのが、いろはかるたと百人一首です。

類比においては、似ていることを提示するのですが、共通点だけでなく相違点をしっかりと伝えることこそが主張点を明確にしていく上で大事になります。対比や類比を用いながら説明していくことで、読む人への説得力を増すことができます。

上級 3

データを活用する

1　引用とは何か

文章を書いていて、説得力を増すために、どうしても他の本やネットからのデータ等を引用をしなければならない場合があります。引用とは、「本やネットの文章の一部をそのまま載せること」です。引用のルールを簡単にまとめると次のようになります。

○既に公表されているものであること　○引用部分が明確に区別されていること
○自分が書いたものが主体で、引用は補足であること　○引用する必然性があること
○引用元を明記すること　○引用文を勝手に書きかえないこと

2　データを活用する

授業で行われるプレゼンテーションや作文において、データを提示するのは、説得力を高める上でとても有効です。しかし、資料やパンフレット、インターネットのデータなどをそのまま使うことも多いようです。データの中には信頼性の薄いデータもたくさんありますので、多くの資料にあたってデータを比較検討し、慎重に活用することが必要です。また、そういったデータだけに頼らず、アンケートをとったりインタビューをしたりして、データを自分で作ることも大事にしていきましょう。

3 データ活用のポイント

二〇一七年告示の学習指導要領では、情報活用能力の育成に関連する指導内容として、国語科では「文章などを引用したり要約したりすること」（第3学年及び第4学年）「引用したり、図表やグラフを用いたりして、自分の考えが伝わるように書くこと」（第5学年及び第6学年）とあり、様々なデータを活用することが示されています。次の点に留意します。

	特性	活用のポイント
写真	抽象的な概念の理解を助ける。	情報が一般化できるか、恣意的でないか理解して使う。
表 グラフ	数値を比較し、地図や写真などと併用することで、特色や変容、課題を考えさせられる。	表やグラフの数値の読み方をしっかりと指導する必要がある。できるだけ新しい数値を用いるようにする。
分布図	社会事象を空間的に捉えさせられる。	効果的な活用のため、普段から地図に慣れ親しんでおく。タイトルや凡例の読み取りに指導が必要である。
映像	実感を伴わせて認識させられる。	見る前にポイントを言う。一時停止ボタンを活用し理解を深めさせる。
読み物	背景となる原因や思いが表せる。	難しい語句が混じることがある。分からない語句を調べるようにさせ、専門用語の解説も必要がある場合がある。
新聞	身近な題材が記事になることもあり、関心が持ちやすい。	新聞社により見方・考え方の多様性があり、留意する。メディアリテラシーに留意する。

上級 4

三角ロジックを意識する

1　三角ロジックとは何か

三角ロジックとは、論理的思考の基礎となる考え方です。人との会話、会議、レポートの作成、手紙を書くときなどでも、常に意識しておくとよい手法です。論理的な主張には、客観的なデータと、そのデータと主張を結びつける理由づけが必要です。簡単な図にすると左上のようになります。

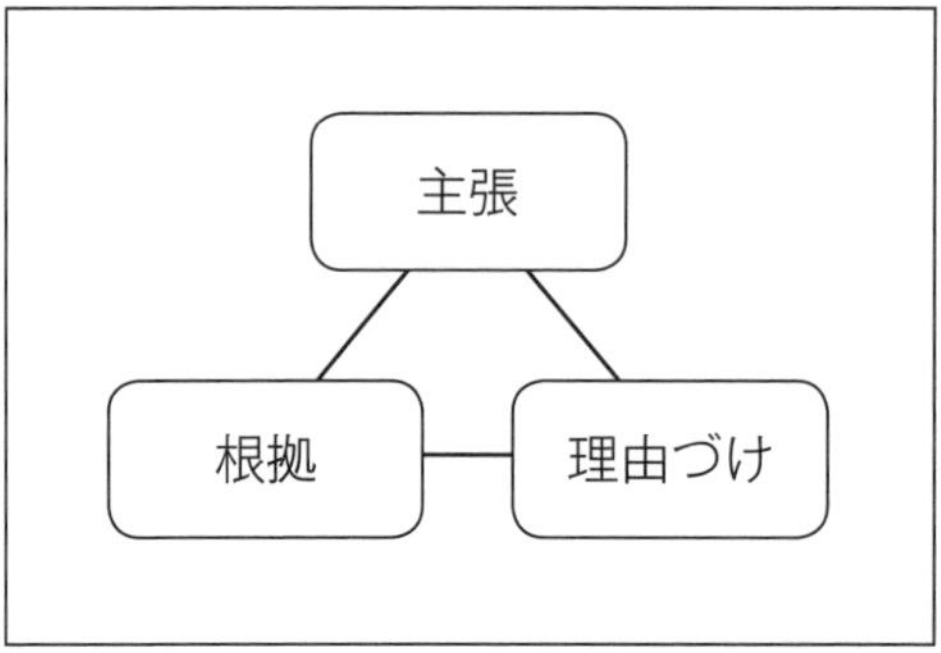

主張……Aチームが優勝するだろう。
根拠……Aチームはいい投手が二人いるし、打線も好調である。
理由づけ…投手が二人いると崩れないし、打線も点が取れるから。

「Aチームが優勝すると思うのはAチームが強いからだ」という理由づけだけだったら、相手は納得しないでしょう。でも根拠が加わると説得力が増します。すべてのことに三角ロジックが当てはまるとは言えませんが、意識して考えてみるだけでも論理的に構成する助けになります。

物語文の読解の場合には、根拠が本文の文章になり、理由づけに、既習事項や自分の経験等を入れると、言いたいことがはっきりした主張になります。

2 演繹法と帰納法

論理展開の方法としての演繹法や帰納法も、三角ロジックで考えることができます。

演繹法…一般的に正しいとされることとある事象から、妥当と考えられる結論を導き出す手法
帰納法…複数の事象をもとに、一つの結論を導き出す手法

演繹法

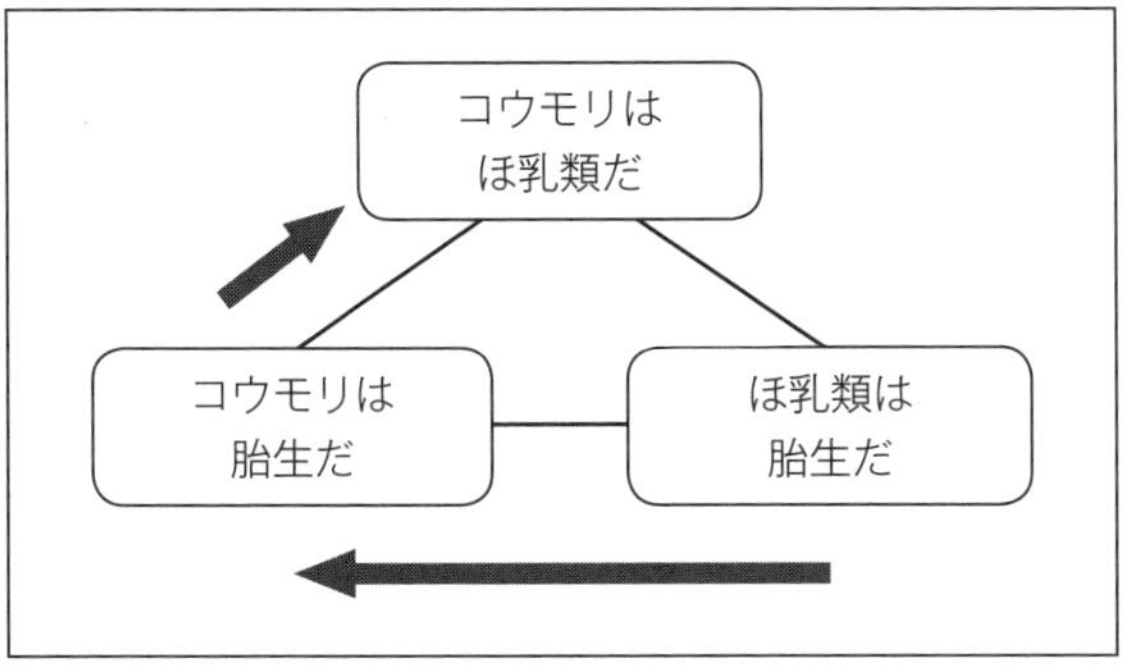

帰納法

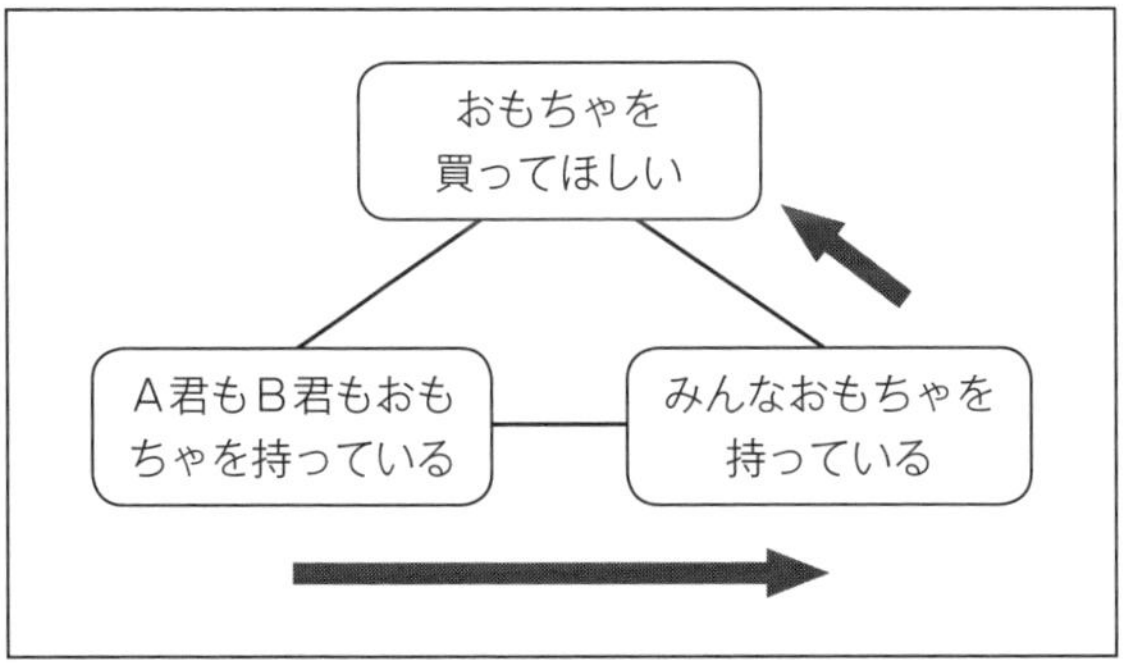

演繹法では、前提として選定した一般論が間違っていたり偏った主観が入ったりすると、論理が破綻するので注意が必要です。

帰納法では、情報の入手経路が単一である場合、複数の事実から導き出された結論とは言い難いため、論理的推論が成立しない可能性もあります。

三角ロジックは、書くだけでなく、授業の話し合いのときにもぜひ使いたい技能です。鶴田清司氏の『論理的思考力・表現力を育てる三角ロジック』（図書文化、二〇一七）に三角ロジックを用いた授業が紹介されています。

上級 5

エピソードを入れる

1　エピソードを使うよさは何か

作文は、一般的なことしか書かなければ、誰でも書けるありきたりの作文になります。そこに、「私はこんなことを考えた」「こんなことがあった」というエピソードがあると、話の内容が具体的になって、作文に引き込まれます。自分のエピソードは自分にしか書けません。自分しか伝えることができない内容を伝えることができます。読む人も、自分の体験と比べながら、共感したり時には反発したりしながら、寄り添って読み進むことができます。

2　オリエンテーションにエピソードを使う

「オリエンテーション」というのは、「話の枕の工夫」です。話の中身に入っていく前に、その話題が唐突にならないでうまく話題につなげていけるように枕を工夫します。上級1で紹介したO－IBCのOになります。

話題が固ければ固いほどオリエンテーションは重要になります。読者に親しみのもてるエピソード、「あるある」と思わせるエピソードがオリエンテーションにふさわしいでしょう。

> みなさんは季節の中で何が一番好きですか。私は秋が好きです。小さいころ、おばあちゃんとぶどうがりに行って、たくさんのぶどうをとったことがわすれられません。ところで秋といえば…

3 「はじめ」にエピソードを使う

オリエンテーションと同じように、「はじめ」において言葉でいろいろと説明するよりも、エピソードを使うことで読者の興味を引く文章になります。

ぼくは朝起きが苦手だ。毎朝母に起こされる。でも、なかなか起きなくてけんかのようになるときがある。

「いつまでねているの。もう、起きないと学校におくれるよ。」←母の言葉にむっとしてぼくは言い返した。

4 「なか」にエピソードを使う

作文における「なか」の部分には、自分が主張したいことを示すための具体例を書きます。具体例の一つとしてエピソードを書きます。エピソードには、物事に対する筆者独自の見方、感じ方、考え方が表れます。分かりやすさや親しみやすさも生み出します。経験を基にした話題が提示されるので、主張の説得力を高めることができます。エピソードを詳しく書くには、次のようなことに気をつけて書くようにします。

○地名、人名、交通機関名、月日、時刻、品名、値段、個数などを書く。
○書こうとする事柄の中心を決めて、その場面を詳しく書く。
○事柄だけを詳しく書き、気持ち、感想・意見を書かない。
○「なか1」と「なか2」は時間的に続いていない別の事例にする。

上級 6

「反論」や「例外」を想定する

1 反論を入れる

ディベートでは、学年ややり方にもよりますが、立論、質疑、反駁を行います。準備においては、相手に対する質疑を考え、さらに自分の側の質疑に答える準備をするために、事前に自分の立場の意見と違う立場の意見の両方の立場に立って考えをまとめておきます。（下図を参照）

詳しくは、『個の確立した集団を育てる 学級ディベート』（中村堂、二〇一八）に私も実践例を書かせていただいていますのでそれをご覧ください。

説得的な文章を書くときに、これと同じように考えて、「反論」を想定し、考えを書いておくと読む人への説得力が増します。

> 確かに動物園の動物は自由がないという意見があるかもしれません。野生の動物の方が自由です。しかし、動物園で生まれた動物にはそれが普通に感じられるでしょうし、おりの中にいるからこそ安全に暮らせるというのが何より幸せにつながるのではないかと思います。

大人と子どもは、どっちがとくか？

名前（[redacted]）

○子ども の方がとくだと思います。わけは 9 つあります。

だっておこずかいももらえるし、あそべるし、せんたくとか、しごととか、自由じかんがいっぱいあるからです。あと、おもちゃをかってもらえるし、サンタさんはプレゼントをもらえるし、うんてんしなくてすむし、あと、うんてんしなくてねれるし、あさは早くおきなくてもいいし、おこずかいを大人にやらなくていいからです。

○よそうされる相手がわの質疑

おもちゃをかってもらえるけど、かってもらえないこともあるんではないですか。大人はお金をもっているから、大人の方がすきなものがかえるんじゃないですか。

○質疑にたいするはんろんを書きましょう。

子どもは、お金をもらっている。大人は、自分のお金・大人だって、何でもすきなものをかえるわけではない。子どもは大人にお金をやらないけど、大人は子どもにお金をやるときがある。

ただ、自分の意見を強く押し通すよりも、相手の意見を一度受け入れ、それも考慮して自分の論を進める方が、相手も意見を受け入れやすくなります。その際は、クッション言葉を上手に使うと有効です。「確かにそうです。」「なるほど…。」「そう思われて当然です。」など、相手を尊重する姿勢を示しましょう。

また逆に、小論文などで自分の意見を強く伝えなければならないときもあります。そういったときは、相手の反論を論破する必要があります。論破することで、自分の立場の説得力が高まります。その際に注意することは、論破のときに相手の反論に同調してしまわないようにすることです。

説得力のある主張をするには、詳しく書いて準備しないまでも、立論、質疑、反駁の内容を簡単にメモしておくセルフ・ディベートをするとよいでしょう。反論を挙げるのが難しいと感じる人は、身近な人に自分の主張や根拠について質問をしてもらいましょう。常に新聞やニュース、本などに目を通して情報を集め、多様な意見があることを知り、多様な考えに触れておくことも大事です。

2 例外を入れる

「反論」の他に、「例外」を考えられることもよくあります。みんなが考えるような特殊な例を挙げて、一度その意見を肯定します。しかし、その後に意見の特殊性を指摘することで、述べられていることが例外であること、自分の主張が一般的に正しいことを述べます。

> 「あいさつをされなくても気にならない」という意見もあります。そういう人もいるかもしれませんが、知らない人からもあいさつをされるとうれしいという人は多く、ほとんどの人はあいさつの大切さや気持ちよさを感じています。だから一般的に考えると、「進んであいさつをしよう」は正しいといえます。

上級

7

比喩を使う

1　比喩とは何か

比喩とは、物事の状態や様子を説明するときに他の何かに置き換えて表現することです。比喩を文章に取り入れることで、自分らしいユーモアのある文章を書くことができます。ただし、状況に応じて比喩の種類を使い分ける必要があります。

2　比喩の種類

比喩の種類は数多くありますが、小中学校の作文指導で使いたい比喩を四つ紹介します。

直喩…「～のようだ」「～みたいだ」等の語を使って、他を例えること。
「雲に乗ったような気持ち」「ひょうたんのような形の島」「太陽のように明るい子ども」など

隠喩…「～のようだ」「～みたいだ」等の語を使わないで、他を例えること。
「人生はドラマだ」「彼女は職場の花だ」「私はかごの中の鳥だ」など

活喩…擬人法のことで、人間以外のものを人間に例えることによってイメージを豊かにするもの
「風がドアをノックする」「空が泣いている」「花がほほえむ」など

声喩…「擬声語」「擬態語」ことで、多くはオノマトペの形をとる比喩（中級9を参照）

3 比喩の使い方・注意点

比喩を表現する際には、「例える必要があるのか」「例えた例はみんなに分かりやすいか」などに気を付けなければなりません。そうしないと、かえって分かりにくくなったり、間違って伝わったりする場合も出てきます。例えば、次のような文があります。

> 彼女は、リンゴのようなほおをしていた。

どんなほおをイメージしましたか。私たち日本人は赤い健康的なほおを思い浮かべます。でも、西欧人は違うようです。青リンゴを思い浮かべ「病気か?」と心配するそうです。比喩表現が成り立つのは、同じ文化や風土をもつ人たちの間だけなのです。注意して使いたいものです。

4 比喩の指導

直喩の指導の一つについて紹介します。

❶直喩について知り、(　　)に当てはまる言葉を入れ、みんなで発表し合い、検討します。

(　　)のような雲　(　　)のような声　(　　)のようなあまさ

❷次のものから一つ選んで、外国の人にその道具を「～のような」を使って説明する文を書きます。

ア　すりばち　イ　障子　ウ　亀の子たわし　エ　扇子

❸自分で一つのものを選び、「～のような」を使って説明する文を書きます。それを教師が回収し、問題として全体に発表し、何人がその問題を当てられるかを競います。

上級 8

修辞法を使う

1　修辞法の指導をどうするか

修辞法とは、文章やスピーチなどに豊かな表現を与えるための一連の技法のことです。レトリックといいます。物事を別の事柄に例えたり繰り返し表記したりすることで、特定の文章を強調したり連想を促したりすることができます。前述の比喩、擬人法、オノマトペも修辞法です。向山洋一氏の作文指導には、次の３つの特徴があります。

①書き方・レトリックを教える。
②限定して書かせる。
③多様な場で大量に書かせる。

上條晴夫氏も、レトリックを使った子どもの作品を使いながらレトリックの指導をされています。堀裕嗣氏は、文章表現指導においては、教師がいくつかの修辞法を教え、その中からいくつか使って書くように設定されたり、レトリックを使った子どもたちのよい作品を紹介して学べるようにされたりしています。修辞法を教えることは大事ですが、子どもたちに修辞法のよさが分かり、できるだけ自然に使えるように支援するのがよいのではないかと思います。また、普段からいろいろな文章を読む中で、修辞法を効果的に使った文章を教師が随時紹介していくようにすると、子どもたちも修辞法を自然に使うようになるでしょう。

2　修辞法の種類

倒置法……文章の語順を入れ替えて、結論を強調したり、書き手の主張を伝えたり、余韻を残したりします。
「優勝するまでは絶対にあきらめない」→「絶対にあきらめない、優勝するまでは」

反復法……特定の言葉を繰り返すことで、表現対象の「動作」や「変化」を強調したいときに使います。
「母は、深くうなずいた」→「母は、深く深くうなずいた」

体言止め…体言（名詞）を文章の最後に置き文章を閉じることで、表現対象を強調したり文章にリズムを作りたいときに使います。
「一番感動した思い出は修学旅行です」→「一番感動した思い出、それは修学旅行」

省略法……完全な文から一部を取り除くことで、読者に考える機会を与え、味わい深い表現にします。
「坂を上り終えたら、また坂が続いていた」→「坂を上り終えたら、また坂が…」

対句法……語格・表現形式が同じかまたは類似している二つの句を並べ、対照・強調の効果を与える表現方法です。「対になる文の長さがほぼ等しい」「対比される言葉に関連がある」「意味がお互いに対になっている」などの条件があります。
「聞いて極楽　見て地獄」「帯に短し　たすきに長し」「注意一秒　けが一生」

他にも、普段意識しないでも使っている修辞法もたくさんあります。調べてみましょう。

上級 9

視点を工夫する

1 「視点」とは何か

「視点」とは、物事を見たり考えたりする立場、観点のことをいいます。文章を書く際に使うのは、一人称視点と三人称視点の大きく二つがあります。

> ぼくは、昨日見学旅行に行きました。とても楽しかったです。

これは、語り手が「ぼく」「私」などに設定され、「私＝作者」となります。この形式が一人称視点です。

> たかしは、昨日見学旅行に行きました。とてもうれしそうでした。

これは、語り手は私でも、読者でもなく、第三者、いわゆるナレーターになります。ナレーターが第三者の視点から語っていく形式が三人称視点です。

作文を書くときに、まずどちらの視点で書くかを決めなければいけません。途中で視点を替えることは難しいからです。二つの視点には、得意なことと苦手なことがあります。ですから、二つの視点の特徴をよく知って使うようにしたいものです。

2 それぞれの視点の特徴

一人称視点は、心理を表現しやすいのが特徴です。なぜなら、日記のように、自分の気持ちを書けばよいからです。しかし、書きにくいこともあります。私が聞いたことや感じたことを書いていくので、自分以外が感じたことは書けません。また、どうしても自分の主観が表現に入るので客観的な描写が難しいということもあります。

三人称視点は、逆に客観的な描写ができるというのが特徴です。自分が入っていないので客観的になります。また、いろいろな登場人物の心理描写ができます。しかし、一人称視点よりも書くのが難しいと感じるかもしれません。三人称の場合は、誰が何を考えているのかを説明する必要があります。

3 違った視点から作文を書く

例えば、遠足の作文を書かせるときに、普通に書かせたらありきたりの作文になってしまうことはありませんか。普通に書くと、一人称視点での作文でしょう。

> 今日、遠足に行きました。とてもいい天気でした。はじめに、運動場に並んで注意を聞きました。…

これを三人称視点で書いてみると、いつもと違った作文ができます。いわゆる「変身作文」です。「変身作文」については、第3章の3で、また詳しく紹介します。小説風作文（第4章の4）も三人称視点での作文です。

> ぼくは、健一君のリュックサックです。昨日、ぼくは健一君にせおわれて遠足に行ってきました。…

上級
10

情景描写を使う

1　気持ちを表現する四つのポイント

文章を書く際に、気持ちを表現するには次の四つのポイントがあります。

①気持ちを表す言葉で…「うれしい」「悲しい」「さびしい」「楽しい」「くやしい」など
②表情や態度、動作で…「泣く」「にっこり」「ほほが赤くなる」「青ざめる」「ドアを強く締めた」
③会話文で…「やったあ!」「ううん」「えっ?」「ばんざい」「もういいよ」
④情景描写で…「空には星が輝いていた」「突然雨が降り出した」「虹が出ていた」

2　情景描写とは何か

小学校高学年では、登場人物の相互関係や心情の変化などを描写を基に捉えることが大事であることが、学習指導要領に示されています。登場人物の心情は、直接的に描写されている場合もありますが、登場人物相互の関係に基づいた行動や会話、情景などを通して暗示的に表現されている場合もあります。「大造じいさんとガン」で大造じいさんの心情が情景で表現されているのを思い出す方も多いのではないでしょうか。

「秋の日が、美しくかがやいていました」「東の空が真っ赤に燃えて」

物語文の学習から学んだ情景の例文やその効果などを振り返りながら、自分の作文を書く技術にも活かしていきます。感情は、大きく分けるとプラスの感情とマイナスの感情に分けられます。その二つを意識して、その場面にぴったりな情景を考えて入れていくとよいでしょう。「雨が降ってきた」「太陽が出てきた」「虹が現れた」など、天候で情景を表すのはよく使われる方法です。

3 五感描写を使う

視覚・聴覚・嗅覚・味覚・触覚の五感によって情景を描くことによって、情景を生き生きと描写したり心情を象徴したりすることがあります。

視覚…「田んぼには、青々とした苗がきれいに並んでいた」
聴覚…「黄色く濁った水がどうどうという恐ろしい音を立てて流れていた」
嗅覚…「遠くから香ばしいかおりが漂ってきた」
味覚…「甘く包み込んでくれるようなやさしい味だった」
触覚…「ごつごつとした木の枝をしっかりと握った」

4 色彩語を使う

「白鳥はかなしからずや空の青海のあをにも染まずただよふ」

教科書にも載っている若山牧水の有名な短歌です。こうした色彩効果が使えると、表現が豊かになります。

読点はどう打つの?

読点の最大の役割は、一文中の要素を内容に従って大きくグループ分けすることです。関係の深い語句同士をまとめ、関係の浅い語句を切り離すことで、内容をスムーズに理解させます。

彼は本を読みながら食事中のぼくを見た。

読点がないと、本を読んでいるのが彼なのかぼくなのか分かりません。読点を打つことで、関係の深い語句同士をまとめているのです。

読点の打ち方には基本的なルールがありますので、それをマスターしましょう。

①主語となる語が長いときの後に

・朝から降り始めた雪が、うっすらと積もった

②接続詞、逆接の助詞の後に

・今日は雨が降っているが、気温は高い。

③原因・理由・条件などを表す節の後に

・朝早く出発したので、早く着くことができた。

④時を表す言葉の後に

・今朝、突然の電話で目覚めた。

⑤名詞や動詞に修飾語が二つ以上つくとき、それぞれの間に

・文字は、正しく、丁寧に、読みやすく書こう。

⑥文・節・句・語などを並列的に並べるとき、それぞれの間に

・カードを動物、植物、魚に分けて並べよう。

⑦独立語の後に(呼びかけ・応答・驚嘆など)

・やあ、お元気。はい、何とかやっています。

⑧強調するとき、強調語句の後で

・彼が、それをやり遂げたのです。

⑨仮名が続いて読みにくいとき、分割するところに

・ここで、はきものをぬいでください。

⑩読みを区切らせたいとき、区切らせるところに

・カー、カー、カラスが鳴いている。

第2章

子どもが書きたくなる！

低学年の作文アイデア

1 おたよりノート

☑1年～

有田和正氏の有名な実践のアレンジです。書く楽しさや書く内容、書き方を教えるのに最適です。

■手順

❶おたよりノートを書くノートを準備します。おたよりノートというのは、「子どもが書く学級通信」のようなものです。書く技能を鍛えるためには、「たくさん書く」ことが大事になります。

❷一日のうちの空いた時間に、教師が黒板に四～五つの内容を、段落に区切って（番号を打って）書いていきます。それを子どもたちは写していきます。

❸内容は、その日の楽しかった出来事、出来るようになったこと、保護者と考えて欲しいこと、季節の様子、明日の連絡、などです。学習や子どもの様子等と考え合わせながら内容を考えていくといいでしょう。

❹書いた子どもは、ノートを持って検印をもらいにきます。正しく書けているかをチェックします。その際に、その日直接話していない子どもと話をするのにも有効です。

■子どもが書きたくなる指導のポイント

毎日、休むことなく続けることが大事です。そのために、文章を面白くするのがコツです。また、新出漢字を意図的に入れたり、拗音、促音などに○をつけて意識させたり、使ってほしい言葉を入れたりするのも語彙力の育成に役立ちます。視写が慣れてきたら聴写に切り替えることもできます。一年生の一学期からでもできます。実態に応じて、おたよりノートの使い方を様々に発展させるように考えていきます。

しわす／2（月）

①今日は、さむくて「もう、体がこおりそうだ。」とたかし君が言っていたのでR。

②生活のべんきょうで「わすれられた秋」をさがしたら、ひろこさんが「秋はもうあきた。」と言ったのでござる。

③今日のこくごでは、みんなが音どくのしかたをくふうしていたので、先生はみんなをプロかと思ったのでござんす。

④そうじのときにうるさかったので、もうすこししずかちゃんにそうじをしてほしいものでございます。

⑤明日は、音がくでけんばんハーモニカをつかうので、ぜったいぜったいもってくるのでありんす。

⑥かぜをひかないように、手あらい、うがいをするのであります。

ジエンド

■作文例と活用したいテクニック

その他　助詞を意識する

間違えやすい助詞、促音、拗音、長音などは、○で囲んで意識づけます。意識的にその日に習った新出漢字などを使うのもよいでしょう。

中級3　段落を意識する

段落ごとに番号をつけ、文末も変えることで、段落の意識をつけます。

初級8　「。」を入れる

「。」の使い方なども、話題にすると覚えます。

その他　言葉を続けて使う

子どもたちに使ってほしい表現や言葉を続けて入れていくと使えるようになります。

2 ハテナ作文

☑1年〜

上條晴夫氏の「見たこと作文」の実践のアレンジです。

■手順

❶「したこと」ではなく、「見たこと」に焦点を当てて書かせます。「したこと」を全く書かないわけではありません。「見たこと」を焦点化することで、ハテナと思い、さらに詳しく見て追究していくようにします。

❷生活科の学習などと関連させ、見たことを書かせます。決めたテーマで見たことが書けていたら、どんどんほめます。よい作品を紹介しながら、見る、比べて見る、数字が入る、ハテナを作っている、予想している、調べている、人に尋ねている、などを、入れるとよいことを指導します。しばらく同一のテーマで練習したら、それぞれの子どものテーマを追究します。

❸子どもの作文に目を通して、赤丸をつけ、評価します。まねしてほしい作品を読み聞かせします。作品の中のハテナにつながる部分を見つけ出し、板書します。例えば、「かたつむりに歯はあるか」などです。それについて予想や調べる方法などの意見を出し合うことで、引き続き調べたり書いたりする意欲を高めます。

■子どもが書きたくなる指導のポイント

よい作文を積極的に取り上げ、子どもたちと共有します。上條氏は特に優れた作品を一枚文集にして子どもたちに配付し、面白い作品を読ませられるそうです。その中に教師の評価の言葉も入れます。よい作文を読むことで、子どもたちはさらに追究し、書こうという意欲が高まります。

たんぽぽ

いえにかえっているとちゅうに、みちにたんぽぽがあった。

花びらがたくさんついていた。

ぼくは、「なんまいあるんだろう」とおもって、ぜんぶかぞえてみた。

百五十まいくらいあった。

こんどは、ちがう花もかぞえてみたい。

よく見たたんぽぽ

たんぽぽをじっくりと見た。

しろい毛がはえていた。

くきのいろは、みどりにすこし赤っぽいいろもあった。

はっぱは、ぎざぎざでのこぎりみたいだ。

におうと、やさいのようなにおいがした。

ねっこをほろうとしたらきれてしまったので、こんどはおれないようにほってみたい。

作文例と活用したいテクニック

初級 1 **書くことを見つける**

具体的な場所などの名前や数字等を入れましょう。細かく見てたくさん気づきを書き込み、それを交流することで、さらに見る力が養われます。

初級 2 **五感を使う**

目（視覚）耳（聴覚）手（触覚）鼻（嗅覚）口（味覚）の五感を入れて書くことで、様子が詳しく分かります。イメージしやすくなります。

上級 7 **比喩を使う**

「～のような」「～みたい」と比喩を使うことで、自分らしい面白い文章にすることができます。

3 再生作文・再話作文

☑1年〜

野口芳宏氏の実践のアレンジです。取材や構成がないので、苦手な子でも書きやすいです。

■手順

【再生作文】

❶「今から、お話を聴かせます。どんなお話か、うちの人に教えてあげるために書いてもらうからよく聞いていてください。」と呼び掛けます。内容が分かりやすいように、登場人物の名前や紹介については、黒板に書いておきます。楽しい昔話を子どもたちに聞かせます。表情豊かに、ゆっくりと、子どもの目を見て語ります。明快な話で、登場人物が少なく、子どもに親しまれている話がいいでしょう。

❷どんなお話だったか、思い出しながら書きます。分かりにくい子どもには、個別に指導します。

❸書き終わった二、三人の作品を発表させて、内容を確かめます。自分なりの表現をほめます。

❹物語だけに限らず、全校集会の話や見学旅行のときの話などでも書かせる機会を作ると面白いです。

【再話作文】

❶再話作文では、まず童謡や昔話などの教師の語りを聞かせます。みんなが知っている話がいいです。

❷その話をもとにして、自由にお話作文を書かせます。登場人物を変えてもいいし、話の筋を変えても構わないことを伝えます。なるべく、会話を入れて書くように条件を提示すると、生き生きした文章を書くことができます。

【再話作文】

むかしむかし、ある村に、大森太郎というわかものがいました。大森さんが山道を通りかかると、子どもたちがさるをつかまえていじめていました。かわいそうに思った大森さんは、子どもたちにお金をやって、さるを助けてあげました。

それから二、三日たったある日のこと、大森さんが山にしばかりに行っていると、さるが来て、「この前はたすけてくださってありがとうございました。おれいにさるのしろにつれていきます。」と言いました。大森さんは、さるのしろにつれていかれました。

そこでは、おいしいくだものや木の実などをたくさんごちそうしてくれました。そして、さるのおどりもとてもおもしろいものでした。それでついつい三年もいました。

……

■作文例と活用したいテクニック

その他 入門的な描写を学ぶ

再生作文には、「想起」「選択」「構成」「記述」などの一連の思考、再創造が働いています。作文が苦手な子どもへの入門的な描写として、とてもよい教材です。

初級8 「。」を入れる

「。」を入れることで、読む人が場面の様子をイメージしやすく、臨場感ある話になります。

初級7 5W1H1Rを意識する

5W1H1Rを意識して書いていくと、詳しく書くことができます。具体的な数字や地名、人名なども書くといいでしょう。

4

言葉図鑑作文

☑1年〜

大体どの学校にも五味太郎氏の『言葉図鑑』はあるかと思います。それを使って作文を書きます。

■手順

【ようすことば作文】

❶五味太郎氏の『言葉図鑑』（偕成社）を準備します。十巻ありますが、学年や目的に応じて、どれを使うかは考えるといいでしょう。今回は、擬声語、擬態語（オノマトペ）の学習を目的としますので2巻の「ようすのことば」を使います。

❷この本には、様子を表す絵とそれに関連する擬態語（ひろびろ、ひらひら等）、擬声語（カラカラ、バカバカ、ボコボコ等）がついています。何種類か印刷しておき、子どもに自分の好きな場面を選ばせます。

❸絵を見ながら、その中のようすのことばを使いながら、お話を作らせます。できたら、お互いに見合って、オノマトペを確かめさせます。そして、絵の表現しているオノマトペを、自分ならどう表現するかを話し合うと、自分だけのオノマトペを使おうという意識が高まります。

【かざることば作文】

❶『言葉図鑑』の3、4巻を準備します。かざることば（形容詞）がたくさん紹介された本です。

❷見開きに「そっけないさめ」「つつましいさめ」など人や動物が紹介されていますので、その中からいくつか選んで登場人物とし、話を作らせます。キャラクターをしっかりと活かして話をつくるのがポイントです。

【ようすことば作文】

ぼくは、ひろびろとした草原にやってきました。こいのぼりがカラカラと音を立てて、ひらひらおよいでいました。草原では、親うまがパカパカ、子うまがポコポコ歩いていました。となりの畑では、おじさんとおばさんがせっせせっせと畑をたがやしていました。パラパラとたねをまいている人もいました。……

【かざることば作文】

あるところに、ずるいさめとつつましいさめがすんでいました。ずるいさめは、いつもつつましいさめのえさをよこどりしていました。でもつつましいさめは、なにも言いませんでした。ある日、いつものようにずるいさめがえさをよこどりして食べたら、おなかがいたくなりました。つつましいさめは、「だいじょうぶ?」とやさしくくすりをくれました。ずるいさめはこれまでつつましいさめにしたことをはんせいしました。それからは、ずるいサメはずるいことをしなくなりました。

■作文例と活用したいテクニック

中級 9 オノマトペを使う

様々なオノマトペがありますので、それを知らせるとともに、実際の場面で使う練習をすることで、作文を書くスキルが身に付きます。オノマトペに興味をもつためにも、言葉図鑑を上手に活用するといいでしょう。

中級 2 起承転結で書く

お話を作る場合は、「起承転結」を意識して書きます。何かの出来事を通して、登場人物の状況が変わるような展開を考えていきます。

その他 読書とつなぐ

言葉についての本も図書室にはあります。作文に活用できるものはないか考えて、積極的に使っていきましょう。関連した本もたくさん紹介すると、読書につなぐことができます。

5

えんぴつ対話

☑1年～

口で話すのではなく、鉛筆で対話をします。内容によって、いくつものバリエーションがあります。

手順

❶えんぴつ対話について「口で話すのではなく、鉛筆で交代におしゃべりをするように書いていくこと」ということを説明します。

❷三つの約束を説明します。代表の子どもと教師で、黒板を使って「えんぴつ対話」を行います。

○読める字で書く。　○ふざけないでまじめにやる。　○テーマからはずれない。

❸四百字詰め原稿用紙をペアに一枚配り、時間を区切ってペアの子どもと「えんぴつ対話」をします。

❹四人グループを作り、グループ内での発表会をします。

子どもが書きたくなる指導のポイント

普通に対話でもいいですが、子どもの実態や学年、目的等により、様々なバリエーションがあります。

ア　一つのテーマに沿ってインタビューをする…インタビューの仕方が身につく。

イ　ものあてクイズをする…小さい紙に物の名前を書いておき、それを尋ねながら当てる。

ウ　テーマについて話し合う…「夏休みに行くなら海と山とどっちがいいか」など。

ひろこさんへのインタビュー

M　すきなことはなんですか。
H　ピアノをひくことです。
M　はじめたきっかけはなんですか。
H　おねえちゃんがならっていたからです。
M　くろうしていることはありませんか。
H　だんだんむずかしくなったことです。
M　じょうずにひくコツはなんですか。
H　がくふをよくみて、音の長さなどに気をつけてひくことです。
M　ピアノをやってうれしいことはなんですか。
H　はっぴょうかいなどでじょうずにできたときです。
M　これからどうなりたいですか。
H　もっともっとじょうずになって、できればピアノの先生になりたいです。

■作文例と活用したいテクニック

初級 1
書くことを見つける

菊池省三先生の提案されるインタビューのポイントの中に「き・く・こ・よ・ね」があります。インタビューでは、5つのポイントを尋ねます。

「き」…きっかけ　「く」…苦労
「こ」…コツ　「よ」…喜び
「ね」…願い

これに、「なぜ」「例えば」「どのような」などの連続質問ができるように練習していきます。

初級 6
短い文で書く

書くことでゆっくり考えられるのがいいところです。また、書いたことが見えるので、短い文で書くよさが実感できます。

6 ふくろの中は何だろう作文

☑2年～

向山洋一氏の実践に「文章を長く書く」という実践があります。それを応用した実践です。

■手順

❶子どもたちに、教師の様子を見て、それを作文に書くことを伝えます。

❷手に袋を持って、子どもの様子をうかがいながら、教師が教室に入ってきて、袋の中からまた袋を出す動作を行い、それを作文に書くように指示します。

❸書かれた作文をお互いに見合い、よい作品を紹介します。それを使って、長く書くためにはどうすればいいかを話し合います。そして、動作や様子を詳しく見て書くこと、周りの様子を書くこと、会話やオノマトペを入れること、気持ちを入れること、などに注意して、もう一度教師の様子を見て書くことを説明します。

❹同じ動作を再度行い、今度は付け加えて、袋の中にもう一度袋が入っており、さらに最後にはフクロウの置物が入っているのを見せる動作を行い、それを作文に書くように指示します。

❺書いた作文を読み合い、よかった作品を紹介し、長く書くためには、よく見て詳しく書くことを確かめます。

■子どもが書きたくなる指導のポイント

教師が、子どもが詳しく書けるように、動作や表情を工夫して演技を行うようにすると書きやすくなります。また、子どもたちの作品のよいところをたくさん見つけて、よさを他の子どもたちに紹介すると、友達の作文のよさをまねして、工夫して書けるようになります。

先生が、どろぼうのようにこそこそと、教室の様子をうかがいながら、入ってきた。右手にはあやしげなふくろをもっている。顔はニヤニヤしている。

そして、ゆっくりとふくろを広げると、中からガサガサと音を立てながらふくろを出した。先生は、びっくりしたような顔をして、またそのふくろの中をのぞきこんだ。

そして、中から出すと、またふくろが入っていた。まるで、マトリョウシカのようだった。

先生は、ふきげんそうな顔をして、またふくろの中をのぞきこんだ。そして、ニコニコしながらゆっくりと中のものを出した。

今度は、かわいいフクロウの置物が入っていた。ぼくは、「ダジャレかい。」と思った。

そして、

「これで終わりです。」

と先生が言った。

■作文例と活用したいテクニック

初級 2 五感を使う

目（視覚）耳（聴覚）手（触覚）鼻（嗅覚）口（味覚）の五感を入れると書きやすくなります。はじめにそれぞれの絵を提示しておくと、意識して使って書けるでしょう。

中級 9 オノマトペを工夫する

オノマトペも比喩の一つです。読む人の感覚に訴えます。ありきたりな表現だけでなく、自分だけのオノマトペも工夫してみましょう。

上級 7 比喩を使う

比喩を使うと、場面がイメージしやすくなります。あまり使いすぎるとかえって分かりにくくなるので、適切な使う場所を考えましょう。

7

おおきいみかん作文

☑2年～

吉永幸司氏の実践のアレンジです。覚えやすい合い言葉で「詳しく書く」方法が身につきます。

■手順

❶下の「お・お・き・い・み・かん」を示して、詳しく書くために、この項目を考えて書く材料を集めるとよいことを説明する。

❷下のような絵を見せながら、絵から見つけられることを順番に見つけ、子どもたちから出された表現を文章にしながら板書していく。

❸板書を見ながら、作文を書いていく。

❹書いた作文を紹介することで、詳しく書くことのよさを感じさせる。

お…聞こえてくる音
（音まねことば）
お…思ったこと
（気づいたこと）
き…聞いたこと
（話しことば）
い…言ったこと
（話しことば）
み…見たこと
（まわりの様子）
かん…感じたこと
（におい　あじ　さわったかんじ　ようすまねことば）

■子どもが書きたくなる指導のポイント

子どもたちから出された意見を文章にしながら板書していくことで、それを並べ替えれば文章が書けるようにします。書けない子には、板書を見ながら教師が手伝って文章を言わせ、それを書くように指示します。以前よりも、書く視点が増えたことで材料が見つけやすかったこと、内容がよくなったことを実感させせます。

夏はかきごおりだ

さとしは夏休みにかぞくで海にやってきました。

たいようがギラギラとかがやいています。

「あついね。かきごおりがおいしいね。」

「うん。このあまいかおりと、サクサクしたかんじがたまらないね。」

ザワーザワーと波の音が聞こえてきます。海には一そうのヨットがうかんでいます。にゅうどうぐもも、わたがしのようにもくもくと海にうかんでいます。

さとしは、

「このままずっとここにいたいな。」

と思いました。

弟のそうたの、

「お兄ちゃん。早くいっしょにすなあそびしようよ。」

というきらきらした声が聞こえてきました。

■作文例と活用したいテクニック

初級 2

五感を使う

目（視覚）耳（聴覚）手（触覚）鼻（嗅覚）口（味覚）の五感を入れて書くことで、文章が生き生きとしてきます。

初級 8

「。」を入れる

「。」を入れることで、読む人が自分のことのように感じやすく、場面の様子がイメージしやすくなります。

中級 9

オノマトペを使う

自分だけのオノマトペを工夫してみましょう。自分だけの面白い作文になります。

8 なぞなぞ詩

☑2年〜

子どもはなぞなぞが大好きです。なぞなぞを使って、出された言葉を詩にしてみましょう。

■手順

❶下のような問題を提示します。そして、この詩の題を予想させます。「えんぴつ」という答えがすぐ出るでしょう。そして、こういったなぞなぞみたいな詩を作るには、人間でないものを人間みたいに例える擬人法を使うとよいことを教えます。擬人法という言葉は、低学年でも教えていいと思います。

❷身近なものを使って、なぞなぞを作ってみます。

❸作ったなぞなぞを出し合います。そして、黒板を使って、不必要な言葉を削ったり言い換えたりしながら、なぞなぞをどのようにすれば詩になるかをみんなで練習します。

❹自分でなぞなぞ詩を作っていきます。

> ［　　　　］
>
> ぼくは木のふくをきているよ
> くろいぼうしをかぶって
> さかだちをして紙の上
> ときどきあたまをけずられて
> だんだんみじかくなっていく

■子どもが書きたくなる指導のポイント

なぞなぞ作りが分かりにくい場合は、全員で一つのなぞなぞを作ってみます。体のどこと似ているか、他のどんなものに例えられるかなどを考えて表現することで、問題ができてきます。友達のよい作品を紹介し、よさを価値づけすることで、まねをして書けるようにしていきます。

時計

ぼくらは三人兄弟さ
はしるはやさはみんなちがう
いつもみんなでおいかけっこ
ぐるぐるかちかち回っている
一から十二までをおいかけっこ

サッカーボール

ぼくはけられていたいいいたい
でもぼくはにんきもの
みんながぼくをおいかける
白とくろのふくがかっこいい

コンパス

ノートの上でくるりくるりまわる
ぎんいろのふくをきているよ
右足はとがったくつ　左足はくろいくつ
まるいかたちができあがり

■作文例と活用したいテクニック

上級 7
比喩を使う

比喩、特に擬人法を使うことで、その人なりの独特の表現ができます。ものの様子や動きを人の様子や動きと重ねて考えるように助言します。

初級 2
五感を使う

目（視覚）耳（聴覚）手（触覚）鼻（嗅覚）口（味覚）の五感を考えてみることで、なぞなぞ作りのヒントになります。

中級 9
オノマトペを使う

自分だけのオノマトペを工夫してみましょう。自分だけの面白い詩になります。

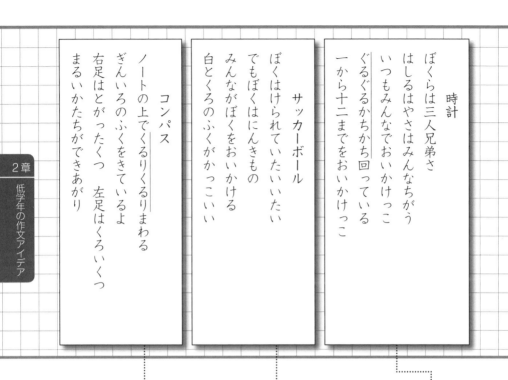

9

新出漢字作文・新出熟語作文

☑2年～

新出漢字を使えるように文作りをするとどうでしょう。熟語を使って書く作文も語彙力を高めます。

■手順

【新出漢字作文】

❶新出漢字を練習する際に、ただその漢字だけをたくさん書いても実用的ではありません。どう使うかを視覚化することで、覚えやすくなります。

❷新出漢字を書いた下のような学習シートを使い、作文を書かせます。

❸使った漢字は、〇で囲ませると、使った意識が高められます。

黄、色、太、毛、高、風、多をつかって、文をつくりましょう。

つかったかん字を〇でかこみましょう。

【新出熟語作文】

❶漢字ドリルなどに、新出漢字を使った熟語が載っています。これを同じように出題して、その熟語を使った作文を書かせます。

❷熟語を知り文章の中で使うことで、語彙を増やすことができます。

■子どもが書きたくなる指導のポイント

面白い作文を紹介します。また、指定した漢字や熟語だけでなく、自分で別の読み方を使ったり、違う熟語を使ったりするのをほめていくと、さらに工夫するようになります。

黄、色、太、毛、高、風、多をつかって、文をつくりましょう。

黄色いぼうしをかぶった一年生のまゆ毛がとても太い。風がふいてきたら多くの毛が高くまい上がってとんでいった。その子はけん太くんというせが高い子だ。

音読、今週、正門、合体、会社をつかって、文をつくりましょう。

今週は、となりのクラスと合体して音読大会がある。だから、おとうさんの会社の正門のところで先週かられんしゅうをしている。おとうさんと話し合って、門からでないようにして読んでいる。さむくて体がぶるぶるふるえる。

※傍線は別の読み方・熟語

■作文例と活用したいテクニック

初級 2 五感を使う

目（視覚）耳（聴覚）手（触覚）鼻（嗅覚）口（味覚）の五感を意識して、書けることはないか探すと、見つけやすくなります。

初級 7 5W1H1Rを意識する

「いつ」「どこで」「だれが」「何を」「どういうわけで」「どうした」「どうなった」などを意識すると、書くことを見つけやすくなります。

その他 漢字や熟語を使う

漢字や熟語を知っているだけでは使えません。意図的に使う場を作り、文の中で使うことで、言葉への理解も増し、使えるようになります。

10 他己紹介作文

☑2年〜

新人研修などでも、他己紹介はよく実践されているようです。友達のよいところを紹介します。

■手順

❶他己紹介作文について説明をします。友達のことを聞き出して、よいところを紹介する作文であることを確認します。そのため、相手がいやに思うことは質問しないこと、答えたくないことには答えなくていいこと、などを共通理解しておきます。

❷ペアを作ります。じゃんけんをして勝った人から相手にインタビューをします。分かったことはメモをさせておきます。メモの時間もあるので、子どもの実態によって、インタビューの時間は決めるとよいでしょう。時間がきたら立場を交代してインタビューをします。

❸モデル文を示します。質問した内容の他に、自分が思ったことなどを入れるとよいことを助言します。そして書き始めますが、もし途中で相手に質問したいことがあれば質問をしてもいいことにします。

❹できた作文を紹介し合います。書いているのでその後は掲示ができます。

■子どもが書きたくなる指導のポイント

インタビューをする際の雰囲気作りが大事になります。アイスブレイクを行い、緊張がほぐれてから行うとよいでしょう。また、何度かやっていると、その人ならではの質問が出てくるようになります。それを教師が取り上げて紹介すると、もっと友達のよさを引き出した紹介文が書ける子どもが増えてきます。

ぼくは、ささきけんいちさんをしょうかいします。

けんいちさんは、すきなきょうかは算数だそうです。いつもけんいちさんはけいさんがはやいので、すきだからよくれんしゅうをしていてはやいのかなと思いました。

すきなあそびはけいどろだそうです。どうしてかというと、どろぼうをつかまえるのが楽しいからだそうです。ぼくは足がおそいからあまりけいどろはすきではありませんが、けんいちさんは足がはやいから、つかまえるのが楽しいのだと思います。

今はまっているのは、このまえ買ってもらったマウンテンバイクだそうです。まだ道ではのってはいけないので、休みの日におとうさんにこうえんにつれていってもらってのっているそうです。

こんな元気いっぱいで明るいけんいちさんを、みなさんよろしくおねがいします。

作文例と活用したいテクニック

初級 7 5W1Hを意識する

インタビューの際には、5W1Hを意識させます。83ページで示した「きくこよね」のポイントも意識すると、インタビューがしやすくなります。

その他 コミュニケーションに活用する

他己紹介は、コミュニケーションツールの一面もあります。作文として書くと掲示に使えますが、書かないで、席替えの後に短い時間でお互いに質問して班で話させる場面でも使えます。

その他 日常の指導で力をつける

質問力をつけるために、朝から日直に対して「質問タイム」を行う実践や、よいところを見つける力を高めるために「ほめ言葉のシャワー」を行う実践もあります。菊池省三氏の本に詳しく書かれています。

コラム2

漢字で書いたほうがいい？　ひらがなで書いたほうがいい？

漢字で書くのか、ひらがなで書くのか、迷ったことはありませんか。必ずひらがなにすべき場合があります。「ところ」「とき」「こと」などの**形式名詞**と、「みる」などの**補助用言**です。

形式名詞とは、その語の表す実質的な意義が薄く、常に連体修飾語を受けて使用される名詞のことです。たとえば、「いやなことでもしなければならないときがある」、「おいしいものを好きなひとと食べるのは最高だ」の**「こと・とき・もの・ひと」**などです。その他に**「ところ・うち・わけ」**などがあります。（「話を聞いたところ」「それらのうち」「成功するわけだ」）

形式名詞は、漢字がもともともっている意味と離れた別の意味を表します。「朝ごはんの時」は時間を表すので漢字ですが、時間と関係なければ「とき」にします。

補助用言とは、補助動詞と補助形容詞のことです。本来の意味を失って、他の語のあとに続いて、その意味を限定する働きをします。補助動詞は「─て（で）」の形の文節につきます。

「分からない言葉の意味を調べてみる。」

この「みる」は「見る」という本来の意味はありません。他には、次のようなものがあります。

書いてある　話している　取っておく
買ってくる　勝ってみせる　飛んでいく
何もしたくない　がんばってほしい

ひらがなで書いた方がいい言葉もあります。

～てください　～か月　あたって　いろいろ
ありうる　うれしい　くらい　～ごと　など
ぜひ　たとえば　できる　～いただく　私たち

第3章

子どもが書きたくなる！中学年の作文アイデア

1 キーワード作文

☑1年～

作文の形式をなかなか使えない子どもも、具体的な言葉を示してあげると書くことができます。

■手順

❶下のような形式を子どもに提示します。

❷作文の中でぜひ使ってほしい「キーワード」として、「なぜなら」「以前」「しかし」などを示します。

❸「なぜなら」の後には理由、「以前」の後には、自分の実際にあった経験、「しかし」の後には考えられる反論、「これらのことから」の後には、再度自分の主張を書くことを説明します。双括型の文章になります。

❹なかなか書けない子どもには、対話をしながら引き出してあげます。書いた文章を交流し、誰の作文が説得力があるかをもとに評価します。

お楽しみ会でしたほうがいいのは～です。
なぜなら、～だからです。
ぼくは以前、～したことがあります。
しかし、～という意見もあるかもしれません。
これらのことから、～がいいと思います。

■子どもが書きたくなる指導のポイント

作文のねらいにより、形式を替えます。「よく見ると」「確かに～だが」「例をあげると」「もし自分だったら」「まわりを見わたすと」など、その作文で使わせたいキーワードを提示して書かせるとよいでしょう。

ぼくがお楽しみ会でしたほうがいいと思うのは百人一首大会です。

なぜなら、これまで百人一首は練習してきているので、二学期をふりかえることになるからです。また、安全だし、雨が降っても教室の中だから、天気を心配しないでできます。

ぼくは以前、お楽しみ会でドッジボールをしました。ボールが当たってけがをしてしまって、せっかくのお楽しみ会が楽しくなかった思い出があります。また、外の遊びを計画していて、雨で結局違う遊びにかわったこともありました。

しかし、百人一首はいつもやっているという意見があるかもしれません。でも、いつもと違う人と対戦するというのが、大会を行う意味があるのではないかと思います。

これらのことから、ぼくは百人一首がいいと思います。

■作文例と活用したいテクニック

上級 4
三角ロジックを意識する

論理的な意見を書くためには、根拠をはっきりと示して書くようにします。そのために三角ロジックを意識して、データと理由づけを見つけて書いていきます。

上級 5
エピソードを入れる

説得力を増すために、自分だけのエピソードを入れ、読む人を引き付けます。

上級 6
「反論」を想定する

「反論」を予想して書くことで、自分の意見との比較により、自分の主張が分かりやすくなります。また、自分の考えの深さを伝えることができます。

2 ルーブリック作文・ふりかえり俳句

☑2年～

授業の振り返りが大事にされています。上條晴夫氏の実践「授業感想文」のアレンジです。

■手順

授業の振り返りを書かせる機会は多いと思います。ルーブリックを使った作文と、簡単にできるふりかえり俳句を紹介します。

【ルーブリック作文】

❶ルーブリックというのは、目標達成度を評価するための表のことです。単元の1次で、その単元でつけたい力を明確にし、子どもと話し合いながら作ります。子どもと目標を共有します。下が一つの例です。

❷これを使って、授業の終末に感想文を書きます。四段階評価をさせ、その理由を書いていきます。

❸理由には、具体的にどこを根拠にしたか、誰の意見を取り入れたかを書くようにさせます。

【ふりかえり俳句】

授業で学んだことを五七五に書いていきます。場合によっては、使うキーワードを指定してもよいでしょう。簡単に作れ、発表しやすいのがよさです。

	S	A	B	C
正しく読む	美月のしたことや言ったことをこんきょに、しかけについての自分のいけんを書け、さらに友だちのよいいけんをとり入れている。	美月のしたことや言ったことをこんきょに、しかけについての自分のいけんを書けている。	いけんは書けているが、こんきょがはっきり書かれていない。	いけんが書けていない。

【ルーブリック作文】

今日の国語はSです。どうしてかというと、ウサギダイコンというのが、ウサギと書いてあったし、本当はないダイコンの名前なのに使っていたからです。そして、ひろしさんの色白のぽっちゃりしたむすめというけんが、たしかに白いうさぎの様子みたいだったので、なるほどと思って自分のいけんにつけたしたからです。

※教材：「ゆうすげ村の小さな旅館」（東京書籍三年）

【ふりかえり俳句】

場面分け　時間や場所が　かわるんだ

立体は　底面積かける　高さだよ

伊能さん　全国歩いて　地図つくり

■作文例と活用したいテクニック

初級 1

書くことを見つける

一時間の授業の感想なので、具体的な名前や数字を入れるようにします。ルーブリックに即して書くので、書くことは見つけやすいです。

中級 1

内容の中心を明確にする

ただ授業の感想を書くと、何を伝えたいかが分からない文章になりがちです。ルーブリックに即して書くことで内容が明確な文章になります。

初級 6

短い文で書く

五七五にまとめるので、すべては入れられません。大事だと思った、自分の印象に残ったことに絞って表現するようにします。

3 変身作文

☑2年～

野口芳宏氏の「なりきり作文」のアレンジです。子どもの興味、関心を高めるのに有効です。

■手順

❶自分が変身したい物の名前をノートにいくつか書かせます。その中で一番書きたい物に○をつけさせます。

❷その物が自分を見ているつもりで作文を書かせます。次のようなテーマも示します。

・不平　・不満　・喜び　・悲しみ　・怒り　・希望　・不安　・お願い　など

❸テーマを一つにしぼって書かせます。そして、読む人にそのことがちゃんと伝わるように、「理由」や「できごと」をきちんと書くように指示します。

■子どもが書きたくなる指導のポイント

低学年の場合などでは、テーマが分かりやすいように、「うれしかったこと」「おこりたいこと」「いやなこと」などの言葉で示すとよいでしょう。また手紙という形式にして書かせてもよいです。なかなか書き出せない子どものために、書きはじめの言葉を示すことも有効です。野口氏は、手紙という形にした場合の発展として、次の時間に「なりきり作文」への返事も書かせておられます。返事をもらった相手ががっかりしないように喜ぶ返事を書かせます。よくできた作文を三～四つ選んでみんなに聞かせてほめることがポイントです。

ぼくはボールです

　ぼくは、三年一組のボールです。

　ぼくは、いつもおこっています。どうしてかというと、ぼくをだいじにしない人がたくさんいるからです。

　一つ目は、この前、さとしくんが、

「サッカーをしようぜ。」

と言って、ぼくをけっていました。ぼくは、サッカーボールじゃなくて、ドッジボールなので、つよくけられたらこわれてしまいます。けるのはやめてもらいたいです。

　二つ目は、後かたづけができていないということです。さとしくんたちは昼休みが終わった後に、だれもぼくをかたづけないでうんどうじょうにおきっぱなしにして帰ってしまいました。

　ぼくはみんなで使うものだし、ぼくをもっとだいじにしてほしいです。

作文例と活用したいテクニック

初級 8
「 。」を入れる
「 。」を入れることで、読む人が自分のことのように感じやすく、場面の様子がイメージしやすくなります。

中級 10
ナンバリングを使う
「一つ目は～」「二つ目は～」と書くことで、出来事や理由が二つあるということが明確になり、読む人が読みやすくなります。

上級 5
エピソードを入れる
具体的なエピソードを入れることで、自分しか伝えられない内容を書くことができます。

4 よーく見ました作文・Q&A作文

☑3年～

菊池省三氏の実践のアレンジです。見学や観察などをまとめるとき、授業で使うと効果的です。

■手順

【よーく見ました作文】

社会科見学や理科の観察のときに役立ちます。

❶下のようなワークシートを作り、事前に渡します。一番心に残ったことを詳しく観察するように言っておきます。視点としては、五感を使うこと、「～のように」などを使うとよいことを伝えます。

❷見学（観察）後に書かせます。「よーく見ました」のところを、「よーく聞きました」「よーく考えました」「よーく反省しました」など、目的に応じてアレンジするとバリエーションが増えます。

> を見学（観察）しました。
> わたしが一番興味をもったのは、　　　　です。
> よーく、見ました。
> また、見学（観察）したいです。

【Q&A作文】

伝えたいことをQで示し、その後にその答えを書いていくという作文です。

❶相手に分かりやすく伝えるために、はじめにQをいくつかに分けることを考えさせます。

❷Aでは、伝えたい情報が短く的確に答えられるように、内容を理解、整理して書かせます。伝える相手を意識して、質問の答えだけを、分かりやすく具体的に書くように指導します。

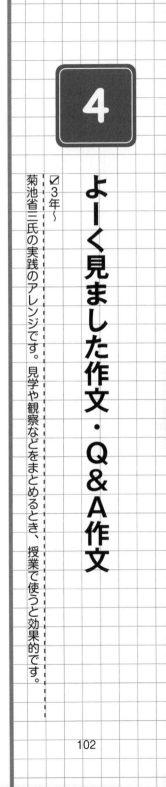

【よーく見ました作文】

八千代座を見学しました。

わたしが一番きょうみをもったのは、ぶ台です。よーく見ました。

ぶ台は、回りぶ台になっていて、地下の「ならく」に木のぼうが組んであり、大人が三人くらいで回したら役者の乗ったぶ台が電子レンジの皿が回るように回転するようになっていました。

また、花道のところに「せり」といって、人を乗せて持ち上げると下から人が上がっていくように見えるしかけもありました。また、見学したいです。

【Q&A作文】

Q　菜の花にはおしべが何本あるでしょう。

A　6本のおしべがあります。

Q　めしべはどこにありますか。

A　めしべは、おしべと同じ花の中です。おしべに囲まれたまん中にあります。

……

■作文例と活用したいテクニック

初級 2　五感を使う

「見たこと」ですが、目（視覚）耳（聴覚）手（触覚）鼻（嗅覚）口（味覚）の五感を意識して取材させます。

上級 7　比喩を使う

「電子レンジの皿が回るように」という比喩で、場面の様子がイメージしやすくなります。みんながよく知っているものにたとえるとよいでしょう。

初級 6　短い文で書く

分かりやすく伝えるために、短い文で書きます。Qをいくつかに分けて書くことで、Aの文も短く書くことができます。

5 三角ロジック作文

☑3年～

根拠・理由・主張の三角ロジックを使えば、説得力のある意見文を書くことができます。

■手順

国語や他の学習で、課題に対して、はじめに自分の意見を考えて書き、自分の考えをもつ学習をよく行います。その際には、三角ロジックを意識して書いていくと、説得力のある意見文が書けます。

❶主張を書きます。この部分が結論になります。頭括型、双括型、尾括型で、主張を書く場所は異なります。

❷根拠を示します。根拠とは、客観的な事実・データです。テキストにおける文・言葉、グラフや図表に示された数字、絵や写真に示されたものなどです。国語の場合は、テキストの文章が主に根拠になります。

❸次に、理由づけを書きます。理由づけは、事実・データに基づく推論・解釈になります。その根拠がなぜ主張を支えることになるのか、どうしてその証拠資料からその主張が説明できるのかを説明します。

■子どもが書きたくなる指導のポイント

下のような三角ロジックの表を貼っておいて、話す際にも意識させると、書けるようになります。

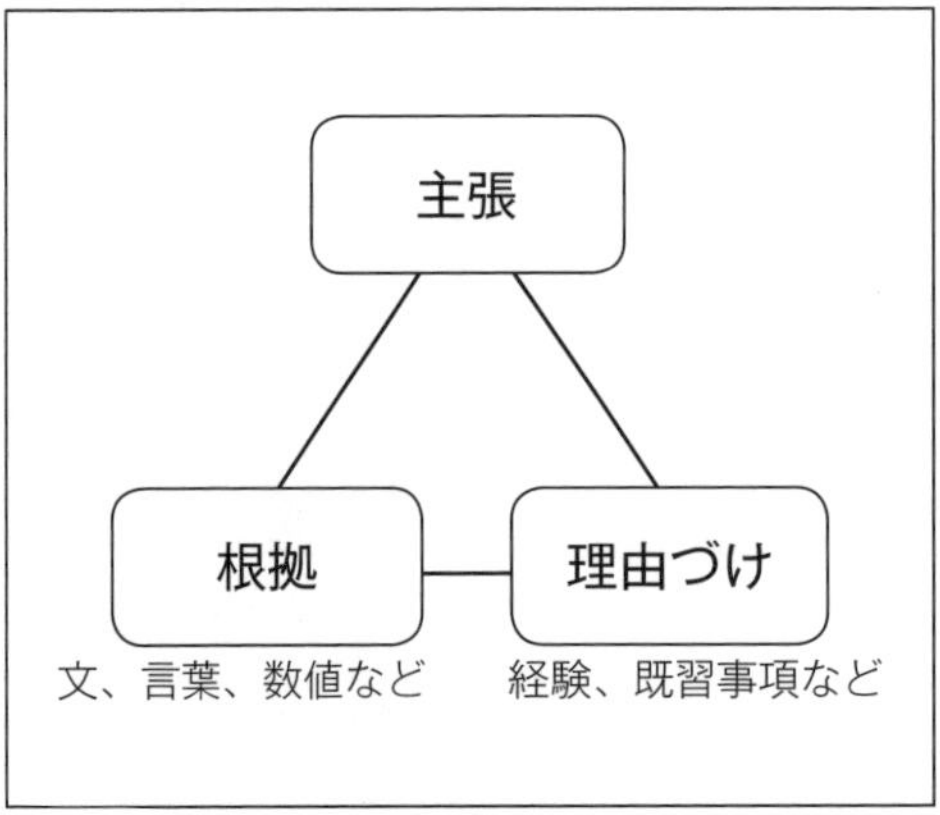

「夜道に医者を呼びに行ったことで豆太は変わったのか」（「モチモチの木」光村3年）

わたしは、豆太はかわったと思います。たしかに、じさまが元気になると、またじさまをしょんべんに起こしているけど、まえより成長していると思います。（主張）じさまが、「モチモチの木に灯がともるのを見ることができるのは、勇気のある子どもだけだ」と言っています。（根拠）ぼくも、ひっしになったらさかあがりができたことがあります。ひっしだったとはいっても、豆太はモチモチの木に灯がともるのを見たのだから、勇気のある子どもになっていると思います。（理由）

「7の段落はいるのか」（「すがたをかえる大豆」光村3年）

ぼくは、7のだんらくはいると思います。（主張）題名が「すがたをかえる大豆」です。（根拠）すがたをかえるというのは、大豆を使っていろいろな食品を作る、ということだけでなく、とり入れる時期や育て方によって、えだ豆のように緑になったり、もやしのように形がかわったりするのもすがたをかえることになるからです。（理由）

■作文例と活用したいテクニック

上級 4 三角ロジックを意識する

理由を述べる場合、事実（データ）＋理由づけを意識して説明すると論理的な説明になります。また、理由づけには自分の経験と重ね合わせて考えたり、既習事項を考えたりするのも有効です。

上級 3 データを活用する

根拠を示す際には、テキストの文章から引用したり、絵や資料などの具体的な事実から示したりするようにします。

上級 5 エピソードを入れる

理由づけに自分のエピソードを入れると、説得力が増します。

6 説得作文

☑3年〜

村野聡氏の「お願い作文」のアレンジです。相手を説得するために適切な理由を考えることが大事です。

■手順

❶自分は何をお願いするのかを書きます。物を買ってもらうのもいいし、することをお願いするのもいいです。練習では、みんなで同じテーマで書いてみると、理由の視点を学ぶ学習になります。

例「ゲームを買って」「遊園地に連れていって」「おこづかいの額を上げて」など

❷説得するための理由を三つ書きます。三つあると説得力が増します。書かせたい字数によっては、二つにしぼってもいいでしょう。

❸理由では、相手を説得するために、次のような理由を入れるとよいことを指導します。

○「もし〜だったら」といった仮定での理由
○あってよかった、またはなくて困ったなどの自分の経験
○「以前学校で〜と習ったから」というこれまでの学習の既習事項など

してください。 どうしてかというと、理由は三つあります。 一つ目は、　　　　　　だからです。 二つ目は、　　　　　　だからです。 三つ目は、　　　　　　だからです。 このような理由だから、　　　　してください。

お母さん、ぼくに赤ちゃんのガラガラを買ってください。

どうしてかというと、理由が三つあります。

一つは、以前、赤ちゃんを見たときに赤ちゃんがガラガラの音を聞くと、とても喜んで笑っていました。だから、同じようにガラガラの音を聞くとぼくも楽しい気持ちになるからです。

二つは、もし学校で授業中にみんながさわがしいときに、ガラガラの音を聞いたら静かにするように決めておけば、ふったらみんなが静かになるのに使えるからです。

三つは、以前合そうをしたときに、すずの音がとてもよかったです。同じように合そうにガラガラを使えば、すずのようにいい音が出せていい合そうができると思います。

このように、とても役に立つから、どうか赤ちゃんのガラガラを買ってください。

作文例と活用したいテクニック

上級 4
三角ロジックを意識する
説得力のある文章を書くために、主張、根拠、理由づけの三点セットを意識して文章を組み立てると、言いたいことがはっきりとします。

上級 5
エピソードを入れる
相手を納得させる文章を書くために、関連したエピソードを入れていくと分かりやすくなります。また、エピソードを入れることで、具体的で、自分ならではの文章になります。

その他
「三つあります作文」で練習する
理由を書く練習として、「理由が三つあります」とはじめに言い切って三つ探す練習をするといいでしょう。スピーチの練習でも有効です。

7 国語辞典作文

☑3年～

上條晴夫氏の「言葉調べ作文」のアレンジです。文章や言葉から意味を予想するのが面白いです。

■手順

❶普段は何気なく使っている言葉でも、いざ説明するとなるとなかなか難しい言葉があります。その言葉について考えたり調べたりすることで言葉への関心が深まります。

❷調べる言葉が決まったら、まず自分で、経験から考えたり、言葉のイメージや使い方から考えたりして、意味の予想を立てて書きます。

❸次に、国語辞典で調べた意味を書かせます。引用の文章になるので、「　」をつけて書くように指導します。

❹最後に、調べてみて自分が思っていた予想とどう違ったのか、そしてそのことをどう思ったかについて書きます。

ぼくは、「　　　」という言葉について調べた。
ぼくの予想では、

国語辞典で調べてみた。

調べて思ったのは、

■子どもが書きたくなる指導のポイント

例示はいくつか出して、その中から自分で考えたい言葉を選択して書くと意欲が高まります。辞書により、書いてある説明が違う場合があるのも面白いです。また、自分で考えた説明を紹介し合うと、その人なりの説明が聞けるので盛り上がります。自分が考えた説明をクイズのようにして当ててもらうということもできます。

ぼくは、「なっとう」という言葉について調べた。ぼくのよそうでは、「豆をくさらせて作ったもので、朝ごはんのときにたれをかけてよくまぜて食べるもの、ねばねばしてくさいにおいがするもの」と予想した。

国語辞典で調べてみた。

「むした大豆をなっとうきんではっこうさせた、ねばりけのある食べ物」と書いてあった。「はっこう」がわからなかったので、また調べた。「こうぼきん・さいきんなどのはたらきによって、もののせいしつがへんかすること」と書いてあった。ぼくは、ますますわからなくなった。

調べて思ったのは、はっこうとくさるのはどうちがうかということだ。また、大豆とかいてあったので、ほかの豆ではできないのかと思った。

作文例と活用したいテクニック

上級 2

対比と類比を活用する

二つのものを比べて、それぞれの違いを明確にすることで、違いが分かりやすい文章になります。

その他

国語辞典を使う

意味を調べる活動をすることで、国語辞典の面白さが分かったり、辞典を使い慣れることができたりします。

上級 4

三角ロジックを意識する

自分の経験や既習事項から、意味を予想します。考えた理由づけが大事になるので、三角ロジックを意識するようになります。

8 オリジナル四字熟語作文・四字熟語作文

☑3年〜

四字熟語を参考にしながら、オリジナルの四字熟語を作り、意味を分かりやすく説明します。

■手順

【オリジナル四字熟語作文】

❶事前に四字熟語の学習をしておきます。作るコツとして、数字を使う、反対の言葉を使う、同じような字を繰り返すことなどを助言します。

❷シートの上の部分に、自分が作った四字熟語をたくさん書いていきます。

❸書いたものの中から、よいと思うものを一個か二個決め、その意味や使い方などを下の欄に書きます。

❹できた四字熟語から一個を選んで黒板に書きます。黒板を見ながら、出された四字熟語の意味を予想し合います。面白い解釈が出てきて盛り上がります。

オリジナル四字熟語　　名前（　　　　　　） 私が作った四字熟語は 意味は、 使い方は、

【四字熟語作文】

❶「音楽会で成長したこと」など、作文のテーマを設定します。

❷四字熟語を入れながら作文を書かせていきます。四字熟語が書かれた資料を持たせて、それを参考にしながら書かせると書きやすくなります。また、「試行錯誤」「終始一貫」「切磋琢磨」「日進月歩」など、使わなければならない四字熟語を指定しておいて作文を書かせるのも面白いでしょう

【オリジナル四字熟語作文】

雑草花咲…どんな小さなことでも地道に続けていれば、いつかはそれが実り、よいことに恵まれるということ。「雑草花咲の心でがんばろう。」などと使う。

練習無敵…繰り返し練習をすることが大事で、たくさん練習して身に付けたものは無敵で、いろいろなことに応用できるということ。「苦しいけどやろう。練習無敵だ。」などと使う。


【四字熟語作文】

ぼくが音楽会の練習で成長したことは、三つある。一つ目が、友達と協力する力だ。

合奏では、うまくできないところを友達と教え合った。切磋琢磨することで、お互いが日進月歩で成長できた。二つ目が、新しい楽器にチャレンジしたことだ。こつが分からずに試行錯誤の連続だったが、終始一貫やり遂げることができた。……

■作文例と活用したいテクニック

上級 5
エピソードを入れる
意味や使い方を説明するには、これまでの自分の経験を想起させると書きやすくなります。

その他
身近なものを表現する
身近な人物やものを、オリジナルの四字熟語で表現するのも面白いです。例えば、ドラえもんなら「耳無青猫」「夢手伝猫」などです。考えた四字熟語が何を表しているか当てさせるのも盛り上がるでしょう。

その他
資料や国語辞典を活用する
四字熟語が書かれた資料を持たせておくと書きやすいです。実際に書くときには、しっかりと意味を確認した方がいいので、国語辞典で確認します。辞典を使う意識も高まります。

9 おかしの袋よく見て作文

☑3年～

福山憲市氏の実践のアレンジです。書くことを見つける力、考えたことを書く力をつけます。

■手順

❶お菓子の袋を三つ程度集めて持ってこさせます。各自が持ってきた袋を見せ合い、いろいろな袋があることを確認し合います。

❷一つの袋を実物投影機で全員に見せ、気が付いたことを発表させます。

❸出された意見を板書しながら、次のことに目を向けるように視点としてまとめていきます。

写真や絵　キャラクター　字の書き方　色　書いてある言葉（キャッチコピー）

❹モデルの作文を提示し、見つけたお菓子の袋の工夫だけでなく、なぜそのように工夫したかについて自分が考えたことを書くように指示します。

■子どもが書きたくなる指導のポイント

同じ工夫を書いても、工夫の理由が違っているものがあるので、互いに紹介し合うと面白いです。また、お菓子によっては、地域限定のものであったり、お土産用のお菓子であったり、その地域ならではの写真や絵が使ってあるものもあります。中高学年では、社会科の地域学習の勉強でも使えます。

ぼくは、「ピザポテト」のふくろを見て見つけたことを書きます。

まず一つ目は、しゃしんにピザポテトのしゃしんがあります。そして、「あつぎりザクザクとろーりチーズ」と書いてある字のところから、きいろいチーズがとろーりとピザポテトにたれてきている絵がかいてあります。これで、チーズのかかったポテトのおいしさをみんなにつたえようとしていると思います。

二つ目に、チーズがのびているピザのしゃしんがあります。これは、ほんとうにこのおかしにはピザは入っていないけど、ピザのようなあじがしますよと、買う人につたえていると思います。ピザポテトの字の赤もピザの色みたいです。

三つ目に、二つのチーズのしゃしんもついています。そしてWチーズとかいてあります。チーズを二しゅるいもつかっているので、ぜいたくなかんじを出していると思います。

■作文例と活用したいテクニック

初級 1
書くことを見つける
一つのものを詳しく細かく見ることで、書くことが見つかってきます。また、見つけたことについての自分の独自の考えを書くことで、面白い作文になります。

中級 10
ナンバリングを使う
「一つ目は～」「二つ目は～」と書くことで、出来事や理由がいくつあるかが明確になり、読む人が読みやすくなります。

その他
分析する力をつける
このような作文を学習することで、資料の分析の力がつきます。学習後も、自主学習などで様々な分析を書くように仕掛けていくようにするとよいでしょう。

10 キャッチコピー作文

☑4年～

広告・宣伝コピーです。表現の対象の特徴を正確に把握し、好感が持たれるように端的に表現します。

■手順

❶キャッチフレーズについて子どもたちに説明します。「何のことかな。」と相手の気持ちをつかむ言葉や文のことです。テレビのCMやポスター、新聞などからいくつか見つけてクイズ形式にして紹介するとイメージが湧くでしょう。まず、生活の中から面白いキャッチフレーズを見つけさせます。

❷次に、ボディ・コピーについて説明します。伝えたいことを説明する文のことです。これも、新聞等に広告が出ているのでいくつか示して、相手に知らせたいことがよく分かるような表現で書かなければならないことを示します。

❸「私のおすすめの○○」について実際にコピー作文を書かせます。右の図のような学習シートを使うと分かりやすいです。「おすすめのテレビ番組」「おすすめのお菓子」「おすすめのゲーム」など、子どもが興味をもちやすいテーマで書くようにすると、書く意欲も高まります。

商品・団体名
キャッチフレーズ（見出し） （　　　　　　　　　）
ボディ・コピー（本文） （　　　　　　　　　）

❹国語での学習のまとめ、社会での新聞作りやパンフレット作り、図工でのポスター作りなど、キャッチコピーの学習を活かせる場がたくさんあります。キャッチフレーズを作る場合は、レトリックを見直し、活用できるようにすると、作りやすくなります。

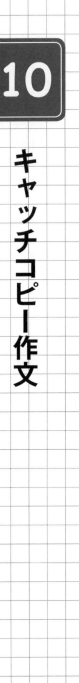

商品名　「うまいぼう」
キャッチフレーズ
「え！　五十円でフルコースが食べられる！」
みんなが一度は食べたことのあるうまいぼう。コーンポタージュから始まり、やさいサラダ、チキンカレー、テリヤキバーガー、さいごにチョコレートとフルコースが五十円で食べられます。五十円をもって、さあ買いに行こう。

商品名　「ドラえもん」
キャッチフレーズ
「のび太君といっしょにゆめの国へ」
私たちは、こんなことができたらというゆめがあります。それをドラえもんのどうぐがかなえてくれます。でも、のび太君の使い方がわるいと、しっぱいしてひどい目にあいます。そこが、ドラえもんのおもしろいところです。

■作文例と活用したいテクニック

中級 1　中心を明確にする

キャッチフレーズを書くコツを紹介します。
○できるだけ短く書く。
○呼びかける相手をしぼって書く。
○数字を入れて具体的に書く。
○問題を解決する方法を書く。（〜の秘密等）
○少しオーバーに書く。
○取り入れたことでの素晴らしい未来を書く。

上級 8　修辞法を使う

キャッチフレーズを書く際には、読む人に「何のことだろう」と思わせて気持ちをつかむために、様々な修辞法を使うと書きやすくなります。擬人法、比喩、倒置法、体言止め、反復法、対句法などを教えておいて例示しておくと、使おうとする子どもが出てきます。

コラム3

助詞「へ」と「に」、「は」と「が」の使い方の違いは?

> 明日は、学校に集まります。

「へ」も「に」も移動先を示す助詞です。ほとんど同じように使われていますが、**「へ」は移動の方向を示し、「に」は移動先（帰着点、目的地点）**を表します。「東京へ行く」は、東京方面という広い範囲を表しています。「東京に行く」という文になると、他のどこでもない東京という到着点が強調される意味になることを意識しましょう。

> 弟は、家の中で待っていた。
> 弟は、家の中に待っていた。

この文の違いは何でしょう。「で」と「に」は、どちらも場所を表す助詞です。「で」は動作性の強い文、「に」は状態性の強い文に使います。前の文は、自分の意志で待っていたという**行為**に重点を置き、後の文は待っていたその時の**場所**に重点を置きます。

> 阿蘇の草千里は美しい。
> 阿蘇の草千里が美しい。

「は」の前は、みんながすでに知っている情報、**既知の情報**がきます。しかし、「が」の前には、みんなは知らないかもしれない新しい情報、**未知の情報**がくるのです。

> あるところにおじいさんとおばあさん（1）住んでいました。おじいさん（2）山に芝刈りに、おばあさん（3）川に洗濯に行きました。

（1）は新しい情報なので「が」が入ります。
（2）と（3）は既知の存在なので「は」が入ります。

第4章

子どもが書きたくなる！

高学年の作文アイデア

1 スペースキー作文

☑4年～

菊池省三氏の実践のアレンジです。同音異義語を使って作文を書きます。国語辞典も活躍します。

■手順

パソコンやタブレットを使った作文です。日本語には、同じ読み方で文字と意味が違う言葉が多くあります。パソコンやタブレットのスペースキーを押すと、いろいろな言葉が出てきます。しかも、使い方も出てくるため、とても便利です。これを使って作文を書いていきます。

❶次のような指示をして、作文を書かせます。

○同音異義語を二つ以上使って、百字以内で作文を書きましょう。
○「かく」の同音異義語を三つ以上使って、作文を書きましょう。など

❷学年や子どもの実態によって、出題の仕方を工夫しましょう。数や言葉などに制限を加えたりすることで、楽しく作文をすることができます

■子どもが書きたくなる指導のポイント

出来た作品は紙に書かせて掲示しましょう。また、難しいときには国語辞典を使うことでヒントになります。

普段から国語辞典を机に置いておいて、分からなかったらすぐに使う習慣をつけておくといいですね。

・同音異義語を二つ以上使って、百字以内で作文を書きましょう。

器械体操をしているぼくは、機械について勉強する機会にめぐまれない。

高価な硬貨をあげると、校歌をしっかりと歌うという効果がある。

・「かく」の同音異義語を三つ以上使って、一文で作文を書きましょう。

あせをかいたので、かゆくてせなかをかきながら、作文を書いた。

・「はかる」の同音異義語を三つ以上使って、一文で作文を書きましょう。

体重を量った弘君は、プールの深さを測った後でタイムを計った。

■作文例と活用したいテクニック

その他 個数や文字数を限定する

子どもの実態に応じて、使う個数や書く文字数などを限定することで、難易度が上がり、挑戦する意欲が高まります。

その他 パソコンや国語辞典を使う

パソコンや国語辞典を使うことで、学習の意欲が高まります。また、パソコンや国語辞典のよさを実感することができます。

その他 使い方が正しいか吟味する

書いた文章を読み合います。そうすることで、言葉の使い方を知り、語彙を増やすことができます。

2 なたもだ作文

☑4年～

宮川俊彦氏の実践のアレンジです。作文が苦手でも、最初の一行が書ければ続けて書けるものです。

■手順

「なたもだ」作文というのは、「なぜなら」「たとえば」「もしも」「だから」を使って書いた作文です。「なたもだ」を使うことで、論理的な構成に仕上がります。

❶まず、自分の意見を述べます。

❷意見を述べた後に、「なたもだ」を使っていきます。次のように使います。

「なぜなら」→理由を説明します。「たとえば」→客観的な意見や見方、具体例をあげます。

「もしも」→仮説です。反対意見も考えます。「だから」→意見を肯定する結論を言います。

❸「たとえば」では、一つでなくいくつか事例を挙げると、説得力のある作文になります。また、「もしも」では、考えられる反対意見を入れると、自分の主張が客観的になり、説得力のある意見になります。

■子どもが書きたくなる指導のポイント

はじめに、「なたもだ作文」のモデルを読ませると、イメージがもてます。「私は弁当より給食がいいと思います。」などの主張を教師から提示して書く練習をしていくと、「なたもだ」が使えるようになります。

ぼくは、弁当より給食がいいと思う。

なぜなら、給食のほうが、栄養のバランスがとれているからだ。弁当なら、自分が好きなものばかりを食べてしまうので、栄養がかたよると思う。

たとえば、弁当には入れにくいシチューのようなものは、野菜がたくさん入っているし、肉も入っているので栄養のバランスがとれている。

もしも、栄養がかたよったものだけを食べていたら、病気になってしまう。そして給食は温かいものを食べることができるので、おいしくてたくさん食べることができる。

だから、栄養のバランスがとれているし、あたたかいものが食べることができるから、やっぱりぼくは、弁当より給食がいいと思う。

作文例と活用したいテクニック

上級 4
三角ロジックを意識する
意見文では、相手を納得させるためのデータや理由づけが必要になります。「なぜなら」を使うことで、自分の意見の根拠へとつながります。

上級 5
エピソードを入れる
相手を納得させるためには、自分の経験などを入れると分かりやすくなります。「たとえば」の言葉のあとで、エピソードが語られます。

上級 1
適切な文章構成法を使う
「なたもだ作文」で使っている文章構成法は、双括法です。二度結論を提示することで、主張を強く印象付けることができます。

3

分析作文

☑5年〜

タブレットで自分たちの映像を見直す機会も増えます。上條晴夫氏の発見作文を参考にしました。

■手順

❶分析する写真、映像、作文などの資料を準備させます。
❷モデルの文章を示して、分析作文のイメージをもたせます。
❸資料を見て、気がついたことをラベリング、ナンバリングを使って書かせていきます。

○○を見て、気づいたことが○つある。
一つ目が、　　　　である。（考えたこと）
二つ目が、　　　　である。（考えたこと）

分析をするための資料に応じた視点を与えておくと、書きやすいでしょう。（考えたこと）には、どうしてそうなってしまったか、原因について思ったことを書きます。

❹その気づいたことを改善していくために行っていくことを書きます。

私は、○○を分析した。
○○を見て、気づいたことが○つある。

一つが、
二つが、
気づいたこと

問題点を解決するために○つのことを行う。

一つが、
二つが、
どのように改善するか

これらのことに気を付けながら練習を続けていきたい。

私は、自分の開脚前転の動画を分析した。私の開脚前転を見て、気づいたことが三つある。

一つが、スムーズに回れていないということである。これは、おへそを見ると分かっているのに見ていないことで、頭の後ろではなく上をついて回っているからだろう。

二つが、あしを開く場所が早い、ということである。開くことばかり考えて、どうしてもあせって早くなっているのだろう。

三つが、……

これらの問題点を解決するために、二つのことを行う。

一つは、普通の前転を練習して、目の位置に気をつけ、スムーズに回れるようにする。

二つは、マットを重ねた場で繰り返し練習して、少し勢いをつけて、ひざが曲がらないように足を開く練習をしていきたい。

これらのことに気を付けて練習をしたい。

作文例と活用したいテクニック

中級 10

ラベリングを使う

はじめに、主張をキーワードでまとめます（ラベリング）。そのことで、今何のことについて述べてあるかが、分かりやすくなります。

中級 10

ナンバリングを使う

ナンバリングを使うことで、読み手にとって整理され、分かりやすくなります。

初級 1

書くことを見つける

この開脚前転の場合は、見る視点として「手のつき方、視線、脚を開くタイミング、ひざの伸び、脚の開く広さ」などを与えておきます。資料に応じて視点を与えた後で見せることで、細かく見て、書くことを見つけることができます。

4 小説風作文

☑5年～

菊池省三氏の実践のアレンジです。作文を小説家風に、あえて三人称視点で書いてみます。

■手順

❶モデルの作文を提示します。そして、一般的な多くの作文との違いを探すことから、一人称視点と三人称視点について教えます。直接、気持ちを表現する言葉を使わないことを示します。（上級9を参照）

❷自分の体験をもとにして書くようにし、次のような条件を設定させます。

いつ（先週の日曜日）　**どこで**（学校の運動場で）　**どんな場面**（友達とサッカーをした）

登場人物の名前（自由につけてよい）　**どんな気持ち**（くやしい）　**周りの様子**

❸第三者の視点から書いていきます。途中で自分からの視点になっていないか気を付けさせながら書かせていきます。気持ちを直接表せないので、情景描写（上級10を参照）等を使って書くように助言します。

■子どもが書きたくなる指導のポイント

登場人物の名前を自由にすることで、芸能人の名前などが出てきて盛り上がります。よくできた作品を紹介すると、イメージが湧きます。心情を工夫して表現することで、おもしろい作文になります。

日曜日の戦い

先週の日曜日のことだ。ついに決戦の日がやってきた。

涼真と賢人が、サッカーゴールを背に、向かい合っていた。今から、ＰＫの戦いが行われるのだ。あたりは静まり返り、風の音だけが通り抜けていく。

「いくぞ。」

涼真は叫んだ。賢人の目の動き、手と足の微妙な動きを涼真は見ていた。

涼真が少しフェイントをかけると、賢人の体が右に動いた気がした。そこで、涼真は左にけった。しかし、賢人は左に動き、ボールは賢人の腕の中に吸い込まれていった。

涼真はぼうぜんと立ちつくしていた。

しばらくして、こぶしをにぎりしめ、歯を食いしばりながら賢人につぶやいた。

「君の勝ちだ。おめでとう。」

■作文例と活用したいテクニック

上級 9

視点を工夫する

三人称視点の文章を書くことで、表現の幅が広がります。また、直接気持ちを表現する言葉を使わないことで、表現を工夫します。

上級 10

情景描写を使う

情景描写を意識することで、自分独自の表現を工夫することができます。情景についても意識が高まります。

中級 7

動詞や形容詞の表現を工夫する

簡単に言葉を使うのではなく、その場に合った動詞や形容詞を選んで使おうという意識が高まります。

5 新聞記事作文

☑5年～

5W1H1Rを自然に聞き出すことを練習する作文です。菊池省三氏の実践のアレンジです。

■手順

❶二人組を作ります。写真付きの新聞記事をそれぞれ選んでおきます。小学生新聞などがあれば、それが記事内容がやさしくてよいと思います。その中の写真だけを相手に見せるようにします。

❷じゃんけんをして、勝った方から写真を相手に見せます。負けた方は、その記事の内容を相手から聞き出します。5W1H1Rを意識して聞き出していきます。聞く方はメモをしながら聞きます。

❸時間が来たら、聞き手を交代します。同じく、聞いたことをメモしていきます。

❹二人とも質問が終わったら、記事を新聞のように書いていきます。最後に、実際の記事を読み、自分の書いた記事と比べます。

■子どもが書きたくなる指導のポイント

・新聞記事の内容を、難しいものにせずに、相手が興味のあるスポーツや地元のニュースなどから選ぶように助言します。相手のことを考えるのもコミュニケーションの学習になります。

・最近は新聞をとっていない家庭も増えているので、新聞に対する興味ももたせることができます。図書室に以前の小学生新聞などがとってあったりしますので、それを活用することも図書の指導になります。

・書くことまでつなげないで、同じように聞き出して相手に聞き出した内容を話すという実践もできます。

A　この花は、何の花ですか。
B　梅の花です。
A　どこに咲いているのですか。
B　荒尾市の宮崎兄弟の生家です。
A　宮崎兄弟というのは誰ですか。
B　孫文という人を支援した人みたいです。
A　どうしてその梅が有名なのですか。
B　樹齢が二百五十年から三百年くらいあるからです。
A　今、どのくらい咲いているのですか。
B　四分咲きくらいで、今月下旬ごろ見頃を迎えるそうです。
A　インタビューで何か答えていますか。
B　生家の所長さんが「白梅は宮崎兄弟の歴史を今に伝えているので、日中友好の原点である彼らの友情を感じてほしい」と言っています。

■作文例と活用したいテクニック

初級 7　5W1H1Rを意識する

質問の際には、5W1H1Rを意識して聞き取らせます。また、新聞の特徴として、誰かにインタビューをした内容が書いてあるので、それを尋ねて調べることで、話の概要が分かることも子どもたちには事前に指導しておくとよいです。

その他　分からない言葉は聞き返す

インタビューでは、分からない言葉は聞き返すことを指導しましょう。新聞においては、あまり知られていない言葉は、分かりやすいようにどこかに書いてある場合が多いです。

その他　新聞記事の特徴を学ぶ

書く際には、事前に新聞記事の記述の特徴を学んでおくようにすると書きやすいです。はじめに伝えたいこと、次に詳しい説明、そして最後にインタビューが書かれていることが多いです。

6 インタビュー作文

☑5年～

授業後に登場人物になりきってインタビューを受けるという形で学習内容をまとめます。

■手順

❶授業で分かったことを、登場人物の対話という形で作文に書いていくという実践です。作文の中で対話する二人を教師が決めて提示します。例えば、「大造じいさんと残雪」とか「島民とモアイ像」とか、人物でなくても構わないので、学習したことが書けそうな登場人物を提示します。

❷代表の二人で、みんなの前で話し言葉を使ってインタビューをやってみせます。一人がインタビューをして一人が答えます。そして、立場を交代してインタビューをします。

❸次に、インタビューした内容を紙に書いていくことを説明します。モデルの文を示しながら、聞き手と話し手の両方を自分で行い、それを書かせていきます。

❹二、三人の作品を紹介します。作品は、掲示しておくと、学習のまとめが全体でできます。

■子どもが書きたくなる指導のポイント

・物語文教材でも説明文教材でもできます。また、一時間の学習の後でも、一単元の学習の後でもできます。

・質問を考えるのに困っている子どもには、質問の言葉は教師が提示すると後が書きやすくなります。

・インタビューの答えは、その時間の板書や以前書いたノートの記述を見直すことで考えやすくなることを助言します。学習の内容が分かるような板書を工夫することが大事になってきます。

大造じいさん「あなたはどうして、あのおそろしいハヤブサにむかっていったの。」
残　雪「確かにハヤブサはおそろしいけど、ぼくはもう必死だったんだよ。仲間がやられそうだったからね。」
大造じいさん「でも、あのガンは私のガンだよ。」
残　雪「でも、同じガンだから仲間なのさ。ところで、あなたはどうしてぼくを鉄砲でうたなかったの。」
大造じいさん「それはうてないよ。だって、私のガンを助けてくれているのに。それに、違う敵と戦っているときに鉄砲でうつのはひきょうなやり方だしね。そんなひきょうなやり方で私は勝とうとは思わないよ。」
大造じいさん「ところで、どうして地上に落ちて私が近づいてもさわがなかったの。」
……

■作文例と活用したいテクニック

上級 6

「反論」を想定する

自分が書いたことへの質問や反論を予想し、それに答えるように書いていきます。そうすることで、読む人に説得力のある文章を書くことができます。

その他

話し言葉で書く

話し言葉で書かせることで、登場人物になりきって、文が書きやすくなります。特に低学年では、普通に分かったことを書かせるより、楽しく取り組むことができ、深い読みを表現することができます。

その他

必要に応じて書かせる

書かないでインタビューをすることもできます。必要に応じて、書かせたり書かせなかったりするとよいでしょう。

7 反論作文

☑5年～

話し合いを深めるためには、反論の技術をもつ必要があります。村野聡氏の実践のアレンジです。

■手順

❶一つの意見文を提示します。新聞の投書なども使えます。そして、反論の意見文を書く練習として、あえて反論を書くことを話します。
❷まず、意見に対して反対であることをはっきりと書きます。
❸次に、反対する部分の引用をします。引用した部分は「　」をつけることを教えます。
❹第一に、第二に、と理由を述べます。
❺最後に「だから」で結論づけます。

■子どもが書きたくなる指導のポイント

・はじめにモデルの文を見せるとイメージが湧きます。
・下のような学習シートを使います。書くことが苦手な子でも、構成がはっきりしているので、書けそうだという安心感がもてます。
・理由づけとしては、「資料やデータに反論する」場合と「理由づけに反論する」場合があることや、「もし～なら」と考えてみること等を教えておくとよいでしょう。

反論する意見文を書こう

私は、「　　　　」
という意見に反対である。
理由は、二つある。
第一に、　　　　つまり、
第二に、　　　　つまり、
だから、「　　　　」という意見はおかしいのである。

私は、高橋さんの「めいわく駐車をやめさせるために駐車禁止の看板を立てる」という意見に反対である。

第一に、実際に看板はあっても、私の経験では、めいわく駐車をしている車は多い。つまり、看板くらいではめいわく駐車をやめようとする車は減らないということだ。

第二に、もし看板の立っている場所の近くに駐車する車は減ったとしても、そのような車はきっと他のところに駐車するだろう。つまり、「めいわく駐車」がなくなるわけではないのである。

だから、高橋さんの「駐車禁止の看板を立てる」という意見はおかしいのである。

■作文例と活用したいテクニック

上級 4 三角ロジックを意識する

理由を述べる場合、事実（データ）＋理由づけを意識して説明すると論理的な説明になります。また、理由を見つける際にも、「資料やデータ」への意見と「理由づけ」への意見と考えると考えやすくなります。

上級 3 データを活用する

理由を述べる際に、他の本やネットなどからのデータを引用する必要が出てきますが、引用には様々な注意点があります。

（56ページ参照）

その他 字数に応じて内容を決める

書いていい字数によって、理由の数や理由づけの詳しさを変えていきます。

8 リレー作文

☑5年～

リレーのやり方は、様々にあります。その一例です。みんなで一緒に作品を作る楽しみがあります。

■手順

❶四人グループを作ります。まず、下のようなシートの起の部分に自分で、主人公のこと、相手役のこと、場所、時代などを考えて書きます。

❷書いたものを見せながら、大体どのような事件が起き、どのような結末になってほしいかを伝え合い、みんなに理解してもらいます。

❸次の順番に回して、前の文を読んでから、承の話を書いていきます。早く終わっても、まだ転は書かないようにします。

❹時間が来たら、途中でも一斉に次に回して転を書きます。まだ承が終わっていなかったら、それを終わらせてから転に進みます。

❺前を読んで、結の部分を書きます。起を書いた人の思いを考えて、思いがかなうような結末になるように工夫して書いていきます。

■子どもが書きたくなる指導のポイント

途中で話が終わってしまわないように、後の人のことを考えて書かせていきます。主人公の境遇などを活かした展開になると面白いです。

リレー作文　　名前（　　　　）

起	承	転	結

海のそばの町に、しんじという男が住んでいました。しんじは漁師でした。でも、働くことがきらいで、朝はおそく起きるので、なかなか魚をとることができませんでした。

ある日、しんじがうとうとしていると、ゆめの中に神様が出てきて、近くの海の底にお宝がしずんでいると教えてくれました。しんじは、喜んで漁に出かけました。

もぐってみたら、あわびやうにはたくさんいましたが、お宝は見つかりませんでした。でも、お宝がほしいしんじは、あきらめずに毎日毎日もぐり続けました。しかたがないので、あわびやうにをとっていました。

ある日、友達のけんじが言いました。「しんじ、お前はこのごろよく働くようになったな。」そして、しんじははっと気づきました。いつのまにか、しんじは町一番の漁師になっていたのです。「これが神様の言っていたお宝だったのか。」しんじは神様に感謝しました。

起　承　転　結

■作文例と活用したいテクニック

中級 2 起承転結を使う

起承転結は、小説のように予測できない話の展開や結論を楽しむ文章に適しています。四人でそれぞれが起承転結を担当して書くことで、書きながら話の構成を意識することができます。

中級 3 段落を意識する

段落を意識することで、書き手は話を整理しやすくなり、読み手は読解がしやすくなります。

初級 8 「。」を入れる

「。」を入れることで、場面の様子がイメージしやすくなります。「。」を多く入れるように助言していくようにします。

9 ベン図作文

☑5年～

二つのものを比較して分析する文章を書く場合、思考ツールのベン図を使うと考えやすくなります。

■手順

「比較する」ということは、大事な思考の方法になります。その際に考える材料を集めたり整理したりするのに、思考ツールのベン図を使うと便利です。下のような図を使います。

❶まず、付箋を使い、ベン図に同じところと違うところを書き込んでいきます。付箋を使っておくと、作文を書くときに構想図に貼り替えて使えます。

❷作文を書いていきます。はじめに、「何について書くのか」を書きます。

❸次に、中心部の同じところを書きます。

❹次に、違うところを書いていきます。「～は…だけど、～は…」と比較するように書いていくと分かりやすいでしょう。

❺最後に、比べてみて思ったことを書きます。

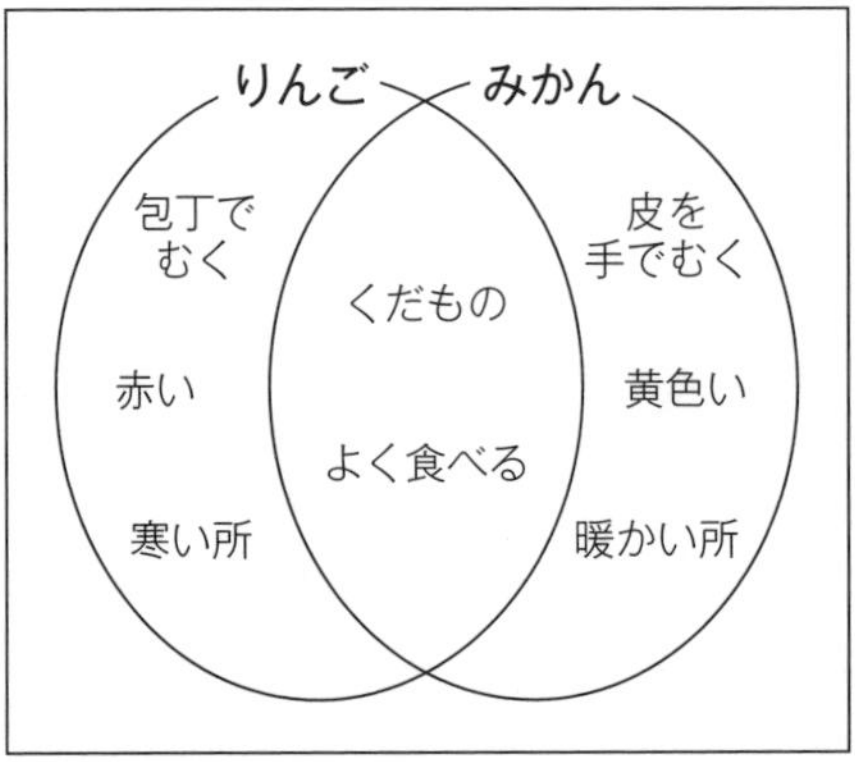

■子どもが書きたくなる指導のポイント

付箋を使うと、子どもたちはたくさん書きます。書く際には、その中から、相手意識や目的意識に応じて三つ程度に絞らせることが大事になります。

私は、りんごとみかんについて調べました。

どちらも、果物です。しかも、よく食卓にのぼる果物です。果物ということで、どちらもへたがついています。また、甘ずっぱいです。ジュースにもたくさんなっています。

違う所は、産地が違います。りんごは寒い所で作られますが、みかんは暖かい所で作られます。色も違います。りんごは赤いものが代表的ですが、みかんは大体黄色いです。そして、りんごは皮を包丁で向きますが、みかんは手でむくことができます。

どちらも日本の代表的な果物ですが、みかんは手でむけるので手軽に食べられるのがよさだと思います。だから、こたつに入ってみかんをむく、というようなことができるのではないかと思います。

■作文例と活用したいテクニック

初級 1

書くことを見つける

書くことを見つけたり整理したりするのには、思考ツールを活用すると便利です。作文以外でも国語の中で、今後さらに思考ツールの活用法が広がっていくと考えられます。

初級 2

五感を使って取材する

目（視覚）耳（聴覚）手（触覚）鼻（嗅覚）口（味覚）の五感を使って取材します。特に比べる際には、違いが分かりやすくなります。

その他

様々な思考ツールを知る

思考の方法に応じた思考ツールを知っておき、「考えるための技法」を計画的に指導していくと、子どもの思考力も高まっていきます。

10 三つあります作文・くじびき作文

☑5年～

子どもたちに少し負荷をかけて乗り越えさせることが成長には必要です。楽しみながら書かせます。

■手順

【三つあります作文】

❶日常から、話すときに「三つあります」とはじめに宣言させて、話す内容を三つ探して話す練習をさせておきます。そうすることで、物事を多面的に捉える力を育てることができます。

❷作文のはじめに「私は〇〇だと思います。理由は三つあります。」と書かせ、それから理由を三つ書かせていきます。

【くじびき作文】

❶日記を書かせる際などに使います。学級の実態によって、作文に入れさせる指令を決めてくじを作っておきます。たとえば、「四字熟語を入れる」「比喩を使う」「〇〇の漢字を使う」などの言葉を書いてくじを作ります。どんな指令が入っているかを事前に知らせておくと、くじ引きの際に盛り上がります。

❷その日の代表がくじを引きます。引いたくじの指令に従って、全員で作文を書きます。

■子どもが書きたくなる指導のポイント

子どもたちは、自分たちで選んだ学習には意欲が高まります。楽しみながら学習が進められるようにします。慣れてきたら自分たちで指令の項目を決めさせたりするのもいいでしょう。

【三つあります作文】

私は弁当より給食の方がいいと思います。理由は三つあります。

一つ目の理由は、給食は栄養を考えて作ってあるからです。

二つ目の理由は、温かいものは温かく、冷たいものは冷たくして食べられるからです。

三つめの理由は、毎日お母さんが弁当を作るのが大変だからです。

以上の三つの理由から、私は弁当より給食がいいと思います。

【くじびき作文（四字熟語を入れる場合）】

ぼくは今日、大事な筆箱をわすれて、絶体絶命のピンチにおいこまれた。しかし、右往左往せず、友達から借りて、危機一髪でピンチを乗り切った。昨日、時間割を確認しないでねたから、自業自得ではある。最近、品行方正に過ごしていたのに、油断大敵だと思った。

■作文例と活用したいテクニック

中級 10

ナンバリング・ラベリングを使う

ナンバリングを使うことで、読み手にとって、整理された分かりやすい文章になります。ディベートの立論を書くときにも、よく使われます。

その他

四字熟語を使う

四字熟語は、正しく適切に使うことができれば、相手に印象的に伝えることができます。

上級 2

対比を活用する

対比を使うことで、それぞれの性質や違いを明確にすることができます。

コラム4

「ので」と「から」はどう違う?

> 聞こえないので、マイクを使ってください。
> 聞こえないから、マイクを使ってください。

「ので」と「から」はどちらも原因・理由を表します。「ので」は**客観性が強い**表現、「から」は**主観性が強い**表現になります。客観性の強い「ので」を用いた方が、文のインパクトは強まります。丁寧さも感じられます。「から」は、自分の意見をより主張したいときに使いますが、時にはひとりよがりに感じられることがあります。また、「から」は話し言葉なので実際の会話ではよく使いますが、文章で書くときは気を付けましょう。

> 遠足に、弁当、水とう、おかしを持っていく。

三つ以上の語句を並べるときは?

三つ以上の語句を並べるときに、「と」「に」「や」「とか」「も」などを使います。どこに入れたらいいでしょうか。

これらは、**最初の語句の後につけるのが原則**です。

> 遠足に、弁当や水とう、おかしなどを持っていく。

「や」の場合は、「など」も入れた方が収まりがつきます。

> 彼は、国語も、算数、音楽、体育も得意だ。

「も」の場合は、最初と最後の両方に「も」をつけます。「やら」のときは、次のようになります。

> 悲しいやら、悔しいやら、恥ずかしいやらで、複雑な気持ちだった。

第5章

子どもの学びを深める！

作文指導ツール＆アイデア

1

思考ツールを活用した作文アイデア

思考ツールの中でも、小学生にも使いやすいものを関西大学初等部の実践を参考に紹介します。

■関連づける（イメージマップ、コンセプトマップ等）

複数の事柄の関係や関連についての考えを書き出し、全体の構造についての考えを作り出すことにつなげます。

例えば、「スマホを小学生がもつべきか」というテーマで意見文を書く場合、図1のように付箋にキーワードを書き、それを言葉と言葉を線や矢印でつないだり言葉を書き込んだりしてまとめ、作文に活かします。

■理由づける（クラゲチャート、バタフライチャート等）

クラゲチャートでは、頭の部分に主張を書き、足の先にある○に、その根拠や理由について書き出します。例えば、「ごみの分別をしよう」という意見文を書く場合、その根拠となる事例を○の中に書き出し、その中から適切な事例を選んで書いていくようにします。

■構造化する（ステップチャート、ピラミッドチャート等）

ピラミッドチャートは、書くことを整理して主張を明らかにするために使います（下から上に）。逆に使って、主張を伝えるために書くことを焦点化するためにも使います（上から下に）。

例えば、「平和の大切さ」を書く場合、一番下の階層に、平和について集めた情報を書き入れます。そして、下層の情報をまとめた言葉を二番目に書きます。それらが主張に組み込まれるような表現で一番上の層に主張を書き入れます。

■多面的に見る（くま手チャート、フィッシュボーン等）

フィッシュボーンは、頭の部分においた事柄に対して、どのような要因や原因が関係しているのか可能性のあるものを中骨のところに書き出し、より具体的に細分化したもの、根拠等を小骨に書いていきます。

例えば、「コンビニは便利である」という事柄に対し、「時間」「場所」「商品」「サービス」という項目を挙げ、具体的にどんな根拠となる事例があるかを書いていきます。内容によってや低学年の場合は、くま手チャートを使うと便利な場合もあります。

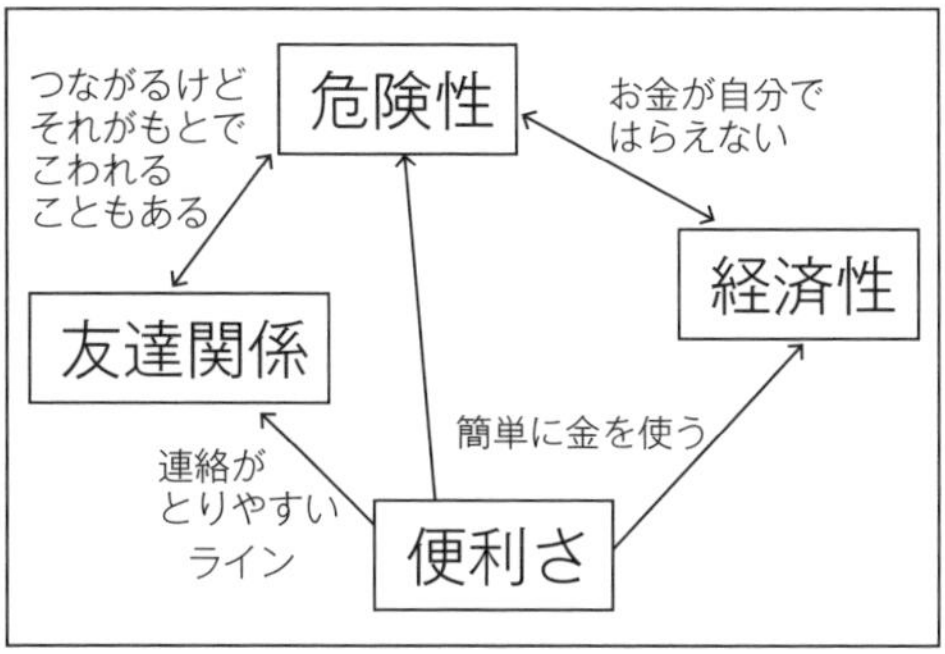

図1　イメージマップ

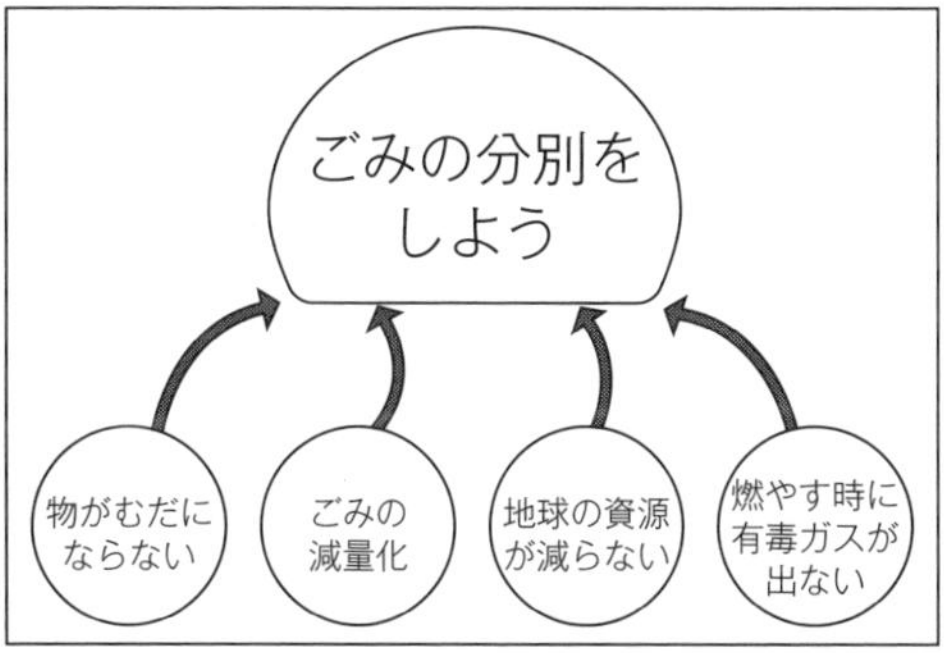

図2　クラゲチャート

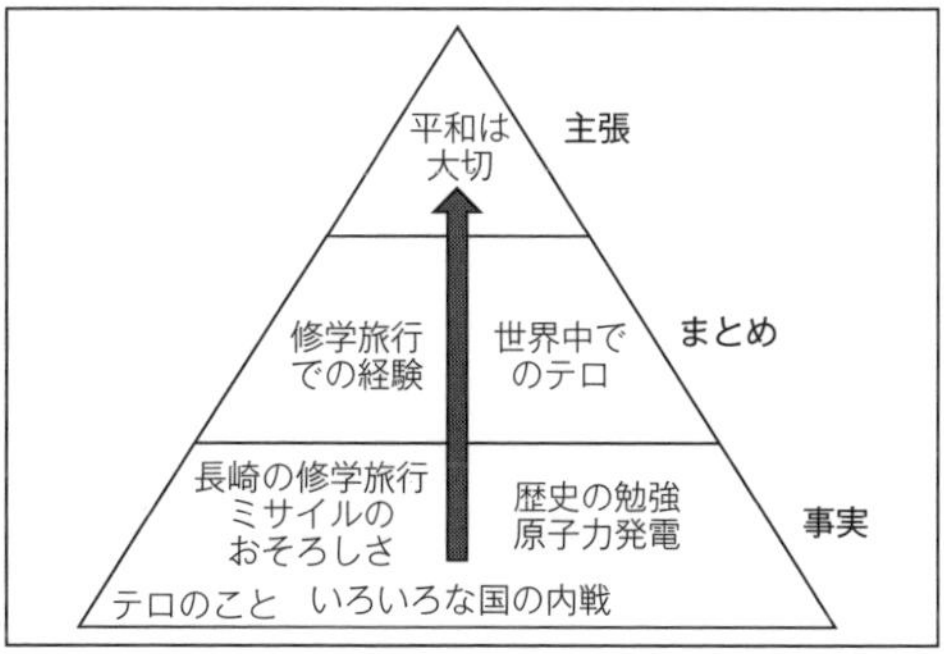

図3　ピラミッドチャート

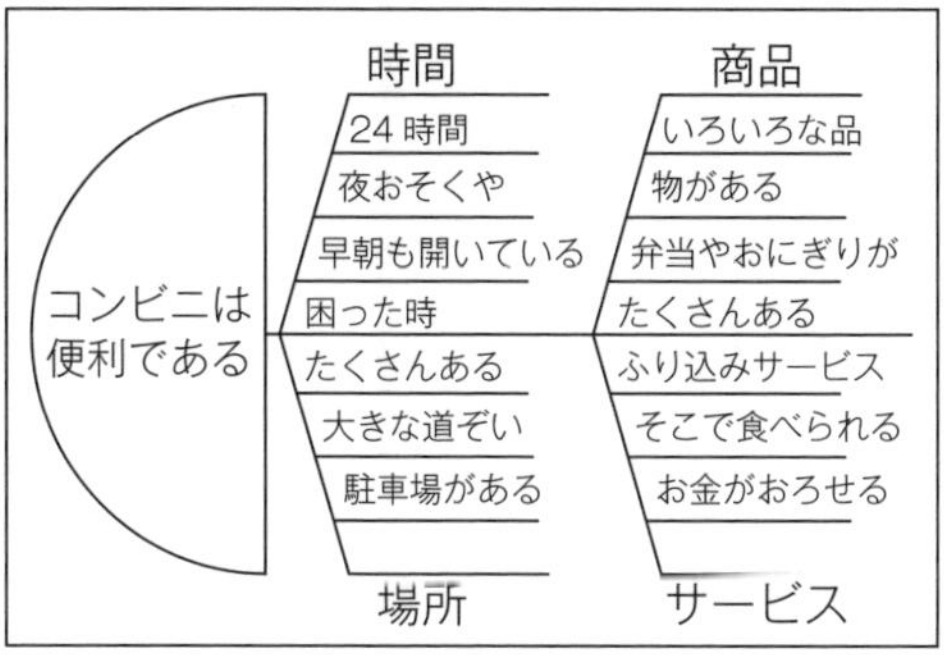

図4　フィッシュボーン

2

協同学習を活用した作文アイデア

作文の材料を集めるためのジグソー学習、ワールドカフェ等を紹介します。

■ジグソー学習を使った取材活動

❶ジグソー学習は、よく知られた協同学習のアクティビティです、例えば「織田信長の功績は何か」という作文の課題が出たとします。作文に書くためには、ある程度の情報を集める必要があります。

❷そこでホームチームで調べる内容を分担します。例えばメンバー1は「刀狩り」について、メンバー2は「検地」について、メンバー3は「楽市楽座」について、メンバー4は「長篠の戦い」についてと、調べる分担をしてそれぞれが詳しく調べます。

❸次に、ホームチームを離れ、同じ情報をもった別のホームチームのメンバーと「専門家チーム」を作ります。そこで、自分がもっている情報を出し合って、考えを深めます。

❹次に、「専門家チーム」で得た情報をもって、再度ホームチームに戻ります。ホームチームに戻って自分が得てきた情報を質問されたり報告したりすることで、たくさんの情報を共有することができます。

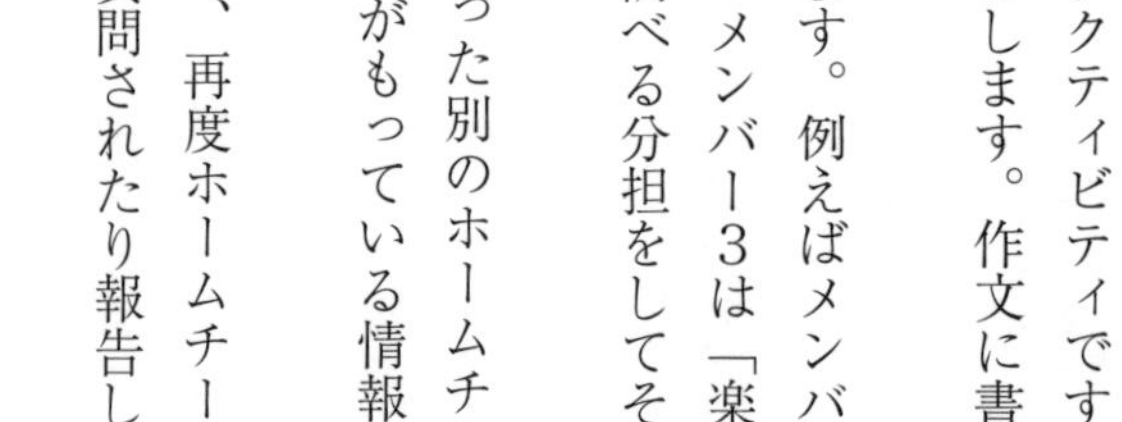

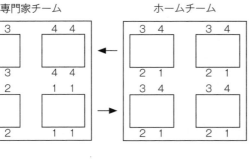

❺集めたたくさんの情報をもとに、作文を書いていきます。

■ワールドカフェを使った取材活動

❶事前に「織田信長は優れた武将か」についてそれぞれが調べておき、4～5人のホームチームを作り、まずホームチーム中で一定時間話し合い、情報を共有します。テーブルの真ん中に模造紙を置いておき、議論で出された情報を自由に書き込んでいきます。

❷次に、一人を残して全員が他のテーブルに移動します。一人残った人は、移動してきた人に、そのテーブルで行われた話の内容を伝え、移動してきた人も自分たちのホームチームで行われた話をすることで、お互いの情報を増やします。新たに得られた情報は、テーブルに置かれた紙に付け加えて書いていきます。

❸これを何回か繰り返します。

❹最後に、ホームチームに一人残っていた人たちが参加者全員に、書かれた模造紙などをもとに話し合いで出されたことを発表し、情報を共有します。

❺得られた情報をもとにして、作文を書いていきます。

■雪玉ころがしを使った取材活動

❶各グループは自分一人で考えた答えや情報を出します。

❷ペアになって、互いに自分の情報を説明し合い、まとめて一つの情報を作成します。

❸ペアとペアが集まり、互いに自分の情報を説明し合い、まとめて一つの情報を作成し、作文に活かします。

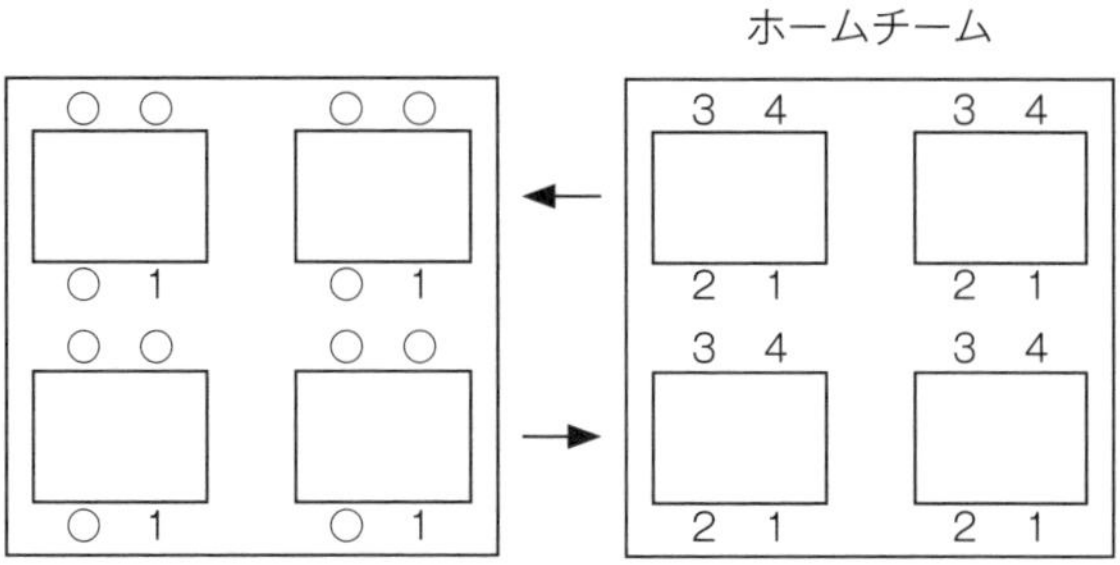

3 タブレットを活用した作文アイデア

タブレットを使うと、情報のやり取りが便利だったり、入れ替えがしやすかったりします。

■ロイロノートを使った取材活動

❶組み立てを考えて書く学習を行うことを伝えます。

❷「学級全員で遊ぶなら、ドッジボールとカルタとどっちがいいか」について話し合うことを伝えます。

❸ロイロノートで、自分の考えをピンクのカードに書くように指示します。

❹次に、ドッジボールに賛成なら青のカードに、カルタに賛成なら黄色のカードに、その理由を二枚から三枚書くように指示します。

❺理由を書いたカードのうちの一枚を教師に送るように指示します。

❻送られたカードを［回答共有する］にし、全員で見て、よい意見は取り入れ、自分の理由のカードを修正するようにします。

終わり	中	初め
考えの中心をもう一度書く。（ピンク）	理由とそれに関係する事例を、内容のまとまりごとに書く。（ドッジボール青、カルタ黄色）	考えの中心を書く。（ピンク）

❼ピンクのカードをコピーし、作ったカードをつないだり並び変えたりしながらスライドを作ります。
❽スライドを見ながらグループ内で発表し、質問や意見をもらうことで、自分の意見を修正したりつけ足したりします。
❾発表スライドをもとに、ワークシートに書く内容をメモし、作文を書いていきます。

■メタモジクラスルームを使った協働学習

❶メタモジクラスルームの特徴として、グループで同じ資料を見ながら、一人が書き込めばリアルタイムで他のメンバーにも共有されるという点があります。それを使って、作文の評価の学習を行います。
❷まず、グループのメンバーを事前に登録しておきます。そして、全員に教材となる作文を印刷して配付し、さらに評価用に下図のようなＰＭＩシートを全員のタブレットで送ります。
❸一人一人で作文を読んで、よいと思う所、もう少しと思う所、その他に思った所をメタモジの中の付箋に書いて、ＰＭＩシートに張り付けていきます。みんなの意見がグループごとの共有のＰＭＩシートに反映されていきます。
❹ＰＭＩシートに貼られた付箋での意見をもとに、グループ内で、どうしてそう思ったのか、もっとどのようにすればよいか等について話し合います。
❺グループ学習後、教師は全部の班のＰＭＩシートを電子黒板に映して見せます。そして、各グループで出された意見を全体に出させることで、意見を共有していきます。

P（よい）	M（もう少し）	I（その他）

あとがき

最後までお読みいただいてありがとうございました。

作文の指導をされるときに、時々思い出して本書を見直していただければ幸いです。

私はこれまで、子どもを笑顔にするために大きく三つの視点で実践してきたつもりです。

①自己肯定感を育てる　②豊かな言葉を育てる　③個を育てる

若いころ、安東小学校の築地久子先生の授業を何度か見に行きました。圧倒されました。どうして、あんなに自分の言葉を語れる子どもが育つのかと思いました。築地先生が落合幸子氏の質問に答えて、

私の願いは、どの子も自分のことを「自分も結構やれるじゃないか」と思うようになることです。


と言われているのを読み、私も自己肯定感を育てること、個を育てることを目標にがんばってきました。

自己肯定感を高めるために、子どもたちにはたくさんの成功体験をさせようと思いました。そこで、学力を高めるための帯時間での学習や自主学習の取り組み、語彙を増やすための諸活動を行い、がんばればできるという実感がもてる体験を意図的に重ねました。「書くこと」についての学習も、書くことへの自信をもたせること、自分の成長を自覚できるようにすることのためにとても大事にしました。

さらに自己肯定感を高めるために、人とかかわる活動を意図的・計画的に設定しました。授業で人とのかかわり方を学び、授業で学んだ人とのかかわりを活かす生活科や総合的な学習、学級活動や行事などで、場と時間を作り実践しました。そして、自分の人とのかかわりを振り返り、日常の生活で活かされていくことを目指した指導・支援を工夫しました。人とかかわる活動を行う中で、それぞれの子どものもっているよさが発揮できるように心がけました。「書かれたもの」を継続的に見ていくことで、その子のことを深く知り、「個を育てる」意識をもって、支援を行ってきました。そういった意味でも「書くこと」は、子どもにとっては自分を振り返る、教師にとっては子どものことを深く知るための大事な活動になりました。

豊かな言葉を育てることについては、多くの先達の先生方から、本やセミナーを通して学びました。また、菊池省三先生からは、常に言葉の大切さを教えていただくとともに、教育観について教えていただいています。「言葉」で考え、「言葉」で学び合い、「言葉」で友達とつながり、「言葉」で成長し合う学級づくりを行ってきました。「言葉で学びを深めよう」「言葉のキャッチボールを取り入れよう」「言葉で考えを交流させよう」といった意識をもっていれば、豊かな活動が展開され、「言葉の力」が育ってくるのです。

これからも子どもたちに豊かな言葉を育てる教師でありたいと思います。

最後に、一つ一つの分かりやすい書き方から全体の構成まで、様々な視点からご指導をしていただいた編集の大江文武さんに深く感謝申し上げます。

二〇一九年五月

橋本　慎也

参考文献

有田和正（一九九三）『有田和正著作集「追究の鬼」を育てる5　書く力を鍛える』明治図書
石川晋（二〇一二）『対話がクラスにあふれる！　国語授業・言語活動アイデア42』明治図書
市毛勝雄（一九九七）『市毛勝雄著作集5　作文の授業改革論』明治図書
大森修編著（一九九四）『作文授業改革シリーズ5　市毛式生活作文&山田式感想文の技術』明治図書
小笠原信之（二〇一一）『伝わる！文章力が身につく本』高橋書店
生越嘉治（二〇〇一）『小学生のための「文章の書き方」トレーニング』あすなろ書房
上條晴夫（一九九二）『書けない子をなくす　作文指導10のコツ』学事出版
上條晴夫（一九九二）『子どもが熱中する　作文指導20のネタ』学事出版
関西大学初等部（二〇一二）『関大初等部式　思考力育成法』さくら社
菊池省三（二〇一〇）『小学校　楽しみながらコミュニケーション能力を育てるミニネタ&コツ101』学事出版
菊池省三（二〇一二）『菊池省三の話し合い指導術』（授業技術ＭＯＯＫ）小学館
菊池省三／菊池道場（二〇一八）『個の確立した集団を育てる　学級ディベート』中村堂
熊本県小学校教育研究会国語部会（二〇〇六）『今こそ！国語力』熊日出版
五味太郎監修・制作（一九九三）『五味太郎・言葉図鑑』偕成社
師尾喜代子（一九九六）『苦手な「作文」がミルミルうまくなる本』ＰＨＰ研究所
ジョージ・ジェイコブズ他（二〇〇五）『先生のためのアイディアブック　協同学習の基本原則とテクニック』

ナカニシヤ出版
杉江修治編著（二〇一六）『協同学習がつくるアクティブ・ラーニング』明治図書
鈴木一史編著／授業づくり研究会（二〇一六）『生徒がいきいき動き出す！中学校国語　言語活動アイデア事典』明治図書
関田聖和（二〇一六）『楽しく学んで国語力アップ！「楽習」授業ネタ&ツール』明治図書
田村学（二〇一八）『深い学び』東洋館出版社
追究の鬼を育てる研究会編（一九九八）『「追究の鬼」を育てる「書く技能」を鍛える指導技術』（『授業のネタ教材開発別冊№13』）明治図書
鶴田清司（二〇一七）『授業で使える！論理的思考力・表現力を育てる三角ロジック　根拠・理由・主張の3点セット』図書文化社
なかようこ（二〇一二）『今すぐ作家になれる楽しい文章教室1巻　作文が書ける』教育画劇
二瓶弘之編著／国語〝夢〟塾（二〇一六）『どの子も鉛筆が止まらない！　小学校国語　書く活動アイデア事典』明治図書
日本国語教育学会（二〇一七）『シリーズ国語授業づくり　作文　目的に応じて書く』東洋館出版社
野口芳宏（一九九〇）『鍛える国語教室8　作文指導の新提案』明治図書
野口芳宏（一九九〇）『鍛える国語教室9　ジャンル別作文指導の改善』明治図書
福山憲市（二〇一六）『全員が喜んで書く！　作文指導のネタ事典』明治図書
堀裕嗣（二〇一六）『国語科授業づくり10の原理100の言語技術　義務教育で培う国語学力』明治図書
宮川俊彦（一九九七）『作文がすらすら書けちゃう本―宮川俊彦のノリノリ授業』小学館

宮川俊彦（二〇〇〇）『作文がどんどん書ける作文名人になれちゃう本―宮川俊彦のノリノリ授業』小学館
宮川俊彦（二〇一一）『子どもの頭をきたえる「5分作文」』PHP研究所
向山洋一（二〇〇一）『教え方のプロ・向山洋一全集22　子どもの知性を引き出す作文の書かせ方』明治図書
村野聡（一九九六）『国語科授業改革双書6　二百字限定作文で作文技術のトレーニング』明治図書
村野聡（一九九九）『作文技術をトレーニングする作文ワーク集』（『国語教育別冊』一九九九年四月号）明治図書
森脇逸男（二〇〇四）『新版　書く技術　なにを、どう文章にするか』創元社
弥延浩史（二〇一四）『小学校国語　クラス全員が熱中する！　話す力・書く力をぐんぐん高めるレシピ50』明治図書
吉永幸司（二〇〇四）『吉永幸司の国語教室―学年別』（授業技術ＭＯＯＫ）小学館
『書き足し・書き替え作文の授業づくり』（『実践国語研究別冊』一九九六年二月号）明治図書
『コピー作文の授業づくり―新題材38の開発』（『実践国語研究別冊』一九九八年一月号）明治図書

【著者紹介】

橋本　慎也（はしもと　しんや）

1961年，熊本県生まれ。熊本市立託麻原小学校勤務。国語の実践を中心に，生活・総合的な学習の実践，学級づくりの実践を進めている。主な共著に『文学教材の授業改善事例集』（1996）『入門期の説明的文章の授業改革』（2008）『国語科における対話型学びの授業をつくる』（以上明治図書，2012）『小学校発！一人ひとりが輝くほめ言葉のシャワー』（2012）『小学校発！一人ひとりが輝くほめ言葉のシャワー②』（2013）『現場発！失敗しないいじめ対応の基礎・基本』（以上日本標準，2017）『１年間を見通した白熱する教室のつくり方』（2016）『個の確立した集団を育てる　学級ディベート』（以上中村堂，2018）等がある。

国語科授業サポートBOOKS

子どもがどんどん書きたくなる！
作文テクニック＆アイデア集

2019年６月初版第１刷刊　©著　者　橋　本　慎　也
発行者　藤　原　光　政
発行所　明治図書出版株式会社
http://www.meijitosho.co.jp
（企画・校正）大江文武
〒114-0023　東京都北区滝野川7-46-1
振替00160-5-151318　電話03(5907)6702
ご注文窓口　電話03(5907)6668

＊検印省略　組版所　中　央　美　版

Printed in Japan　ISBN978-4-18-267634-5

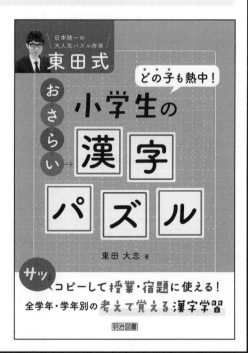